_____ 드림

생각뇌를
키우는
하브루타

생각뇌를 키우는 하브루타

초판 1쇄 인쇄 2018년 9월 13일
초판 1쇄 발행 2018년 9월 20일

지은이 김윤순

발행인 장상진
발행처 (주)경향비피
등록번호 제 2012-000228호
등록일자 2012년 7월 2일

주소 서울시 영등포구 양평동 2가 37-1번지 동아프라임밸리 507-508호
전화 1644-5613 | **팩스** 02) 304-5613

ISBN 978-89-6952-265-8 04370
978-89-6952-091-3 (SET)

· 값은 표지에 있습니다.
· 파본은 구입하신 서점에서 바꿔드립니다.

생각뇌를 키우는 하브루타

김윤순 지음

경향BP

제4차 산업혁명 시대가 심화되면서 교육의 중요성이 더욱 커지고 있다. 남보다 한 발 앞서서 생각하고 남보다 먼저 창의적인 결과물을 만들어야 살아남는 생존 경쟁이 극도로 치열한 시대가 되었기 때문이다.

그동안 우리나라는 교육 발전을 위해 많은 노력을 지속해 왔다. 국가적으로는 교육 정책과 제도를 끊임없이 바꾸어 왔고, 교육 현장에서는 다양한 교육 방법을 도입하여 적용해 왔다. 하브루타도 그 중의 하나이다. 하브루타는 유대인들에게 전승되어 온 독특한 교육 방법으로서 제4차 산업혁명을 선도하고 있는 유대인들이 이루어 온 성공신화의 원동력이다.

하브루타는 둘이서 짝을 지어 질문하고 대화하고 토론하고 논쟁하는 공부 방법이다. 하브루타의 기본은 1:1 짝 토론이고 핵심은 질문이다. 그렇기 때문에 생각을 많이 하게 되고 말을 많이 하게 된다. 이런 적극적인 활동을 통해 효율적인 자기 주도적 학습이 된다. 또한 두뇌 가소성에 의해 고등사고력을 육성하는 최고의 방법이 된다.

하브루타는 어떤 제도나 교육 방식에도 모두 적용 가능하여 하브루타가 갖는 교육학적 유용성을 극대화할 수 있다. 하브루타가 우리 교육에

접목되기 시작한 지는 오래되지 않았지만 학교 교육을 비롯하여 가정 교육과 사회 교육 전 분야에 급속히 확산되어 큰 성과를 나타내고 있다.

그동안 하브루타 관련 책들이 출간되어 우리 교육 발전에 기여해 왔는데 이번에 김윤순 초등수석교사가 새로운 책을 출간했다. 김윤순 선생님은 5년 전에 하브루타를 접하고 우리 교육을 변화시킬 대안임을 확신하였다. 그리고 다양한 하브루타 관련 교육을 이수하였고 출간된 책들을 탐독하며 무엇보다 자신의 일상에 실천하여 자신의 변화를 토대로 학교 수업에 적용해 왔다.

이번에 출간된 책은 단순한 이론이 아니라 그동안 김윤순 선생님이 교육 현장에서 고뇌하고 실천한 결과들을 집대성한 것이다. 이 책에는 우리 교육이 변화되어야 할 점들이 예리하게 제시되었고, 하브루타 수업 모형에 따른 학교 교과 수업뿐 아니라 가정 교육과 인성 교육에 대한 내용이 모두 포함되어 있다. 따라서 이 책이 우리 교육을 변화시키고 우리 아이들이 각자의 분야에서 제4차 산업혁명을 선도하는 세계적 인재로 성장하는 데 큰 밑거름이 되리라고 확신한다.

이일우(하브루타교육협회 이사장)

평소 언행에서 겸손함이 묻어나는 김윤순 선생님을 보면서 가장 하브루타적인 선생님이라는 생각을 해 왔다. 김윤순 선생님이 현직 교사로서 5년에 걸친 하브루타 실천 경험과 노하우를 녹여서 현장감 있는 하브루타 가이드북을 출간하게 된 것은 하브루다 역사에 또 하나의 금자탑이 될 것이다.

하브루타는 지식과 지혜, 경험과 경륜을 나누는 것이다. 그런 면에서 하브루타는 체다카와 원리가 같다. '의무적 자선'이라고 해석되는 체다카는 유대인들의 가장 큰 계명 중 하나이다. 어떤 랍비는 유대인이 지켜야 할 613개의 계명 중 나머지 612개의 계명을 모두 더한 것만큼이나 크고도 장대한 계명이 바로 체다카 계명이라고 평가할 정도로 중요하다. 하브루타는 체다카의 원리와 마찬가지로 가르쳐 주면 줄수록 더욱 많은 지식과 지혜가 가르치는 자에게 머문다. 이 역설이 체다카와 하브루타를 같은 위치에 놓는 이유이다.

이 책은 바로 이와 같은 하브루타 정신을 반영하고 있다. 이 책에는 하브루타 수업을 실천하기 전까지 주입식 교육을 하며 힘들어했던 저자 자신의 모습과, 하브루타를 만난 후에 기쁨으로 새로운 교육을 하고 있는 저자의 노력이 오롯이 배어 있다. 하브루타는 소통을 기초로 이루어지는 교수법이라 교사와 학생 간에 마음의 교류가 먼저 이루어져야 한다. 그래서 닫힌 마음을 여는 질문이 늘 중심에 있을 수밖에 없다. 하브루타의 핵심인 '질문이 살아 있는 교실'에서 아이들이 성장한다.

30년 이상의 교직 생활에서 지속해 오던 타성에 젖은 교수법을 버리는 것은 무척 어려운 일이다. 그런데 김윤순 선생님은 그것을 과감히 실행했다. 30년 세월 동안 해 온 것이면 마치 피부 같아서 떼려야 뗄 수 없는 지경일 텐데도 김윤순 선생님이 기존의 교수 학습법을 청산하고 하브루타에 도전한 것은 그만큼 아이들을 생동감 있게 성장시키는 교육에 대한 지독한 목마름과 문제의식을 느꼈기 때문일 것이다.

나는 이 책을 통해 하브루타에 대해 듣고 좋다는 것을 알고도 타성에서 벗어나지 못하는 교사들이 김윤순 선생님을 롤모델로 삼아 과감한 마음의 결단을 내렸으면 한다. 한 나라를 지키는 것은 군대도 경찰도 아니다. 바로 학생들을 가르치는 교사들이다. 진정으로 학생을 바꾸고 싶다면 교사가 바뀌어야 한다. '이래도 한 시간 수업, 저래도 한 시간 수업'이라는 나태한 마음가짐보다는 한 시간, 한 시간 최선을 다해 다음 세대에게 꼭 필요한 것이 무엇인지를 깨닫고 그것을 과감하게 도전하고 실천하는 교사가 많이 나왔으면 한다. 김윤순 선생님의 하브루타적 교육 철학과 치열한 열정이 녹아 있는 이 책이 하브루타 교육을 모색하는 많은 사람에게 좋은 이정표가 되길 희망한다.

김정완(탈무드원전연구소 대표이사)

수업은 하브루타, 인성은 버츄 프로젝트!

2014년 8월에 고(故) 전성수 교수님의 하브루타 교육 강의를 듣고 '아, 이거다!' 하며 무릎을 탁 쳤다. '우리 교육이 바뀌어야 한다. 가정 교육이 바뀌어야 한다. 학교 교육이 바뀌어야 한다. 나의 교실이 바뀌어야 한다. 내 수업이 바뀌어야 한다.'고 생각하고 나의 교육관을 바꾸기로 하였다.

이후 하부르타 관련 책을 모두 사서 읽었다. 수십 권의 책을 읽고 심화 연수를 받으면서 수업에 적용하고 아이들의 변화를 보면서 기쁨을 맛보았다.

'교사가 방법을 바꾸니 아이들이 이렇게 행복하게 적극적으로 수업에 참여하는구나!'

노력이 결과로 나타나니 힘이 났다. 더욱 열심히 하브루타 수업을 실천하면서 가르치는 방법을 다듬어 나갔다.

먼저 도덕 수업에 하브루타 질문 수업, 토론 수업, 비교 중심 수업, 친구 가르치기 수업을 적용하였다. 방관자 없는 수업, 아이들이 주인공인 수업, 교사가 말을 적게 하는 수업, 아이끼리 질문을 많이 하는 수업, 정답보다는 해답을 찾아가는 수업, 아이의 생각근육을 키우는 수업이 되었다. 모두가 참여하는 행복한 수업을 한 학기 동안 하고 나니 아이들이 도덕 시간이 무척 기다려진다고 하면서 좋아했다.

처음 하브루타 수업을 시작할 때, 하브루타식으로 수업을 하는 것을 본 적이 없던 터라 책만 읽고 적용하는 것이 여간 힘들지 않았다. 미리 공부해서 적용해 보고 조금 이상하다 싶으면 바꾸고 하면서 수십 번의 시행착오를 겪었다. 하브루타교육협회 이사님들과 연구한 결과 오늘의 하브루타 질문 수업, 토론 수업이 완성되었다.

30여 년간 해 오던 강의·설명식 수업을 하루아침에 바꾸기란 쉬운 일이 아니었다. 계속적으로 용기를 가지고 도전하도록 스스로 격려를 해 주었다. 지금도 실수와 실패를 두려워하지 않는 유대인의 정신을 배우겠다는 각오로 계속 연구, 적용하며 다른 사람들에게 전수하고 있다.

아이들과 하브루타 수업을 할 때마다 "우리가 인공지능을 이기려면 위대한 질문을 만들어야 한다. 생각하는 힘을 길러야 한다. 창의성을 길러야 한다. 창의성은 남과 다르게 생각할 때 나온다."고 강조한다. "답은 인공지능과 인터넷에게 물어보면 되니까 우리는 질문을 만들고 질문놀이를 하면서 생각머리를 키워야 한다."고 말하면 대부분의 아이는 더 열심히 질문을 만들고 질문에 정성껏 대답해 준다.

아이들의 행동이 갈수록 난폭해지고 거칠어지면서 교사들의 고민은 더 깊어지고 있다. 다행히 선생님들의 고민에 속 시원한 해답을 줄 수 있는 방법을 고민하고 교육 심리를 공부하는 과정에서 인성 지도의 등대를 찾게 되었다. 바로 버츄 프로젝트이다. 버츄 프로젝트는 우리 마음속에는 52가지의 미덕이 잠자고 있는데 이 미덕을 깨우면 훌륭한 인성을 갖춘 사람이 된다는 것이다.

먼저 나 자신이 아이들에 대한 생각을 바꾸고 존중의 미덕을 깨웠다. 그러니 아이들이 달라 보였다. 말썽 피우고 수업을 방해하고 싸우고 화내는 아이들이 밉지 않았다. '나의 사랑과 관심이 필요한가 보구나.', '사랑을 달라는 간절한 외침이구나.', '자신을 존중해 달라는 절규로구나.', '내 수업이 재미없나 보구나.' 크게 숨 한 번 쉬고 내 안에 있는 이해의 미덕을 깨우니 화를 가라앉힐 수 있었다.

미덕을 깨울 수 있는 사람은 오직 자기 자신이다. 교사는 "어떤 미덕을 깨우면 좋을까?"라고 말만 해 주면 된다. 이 방법으로 아이들을 지도하니 어느 순간 교사는 보석선생님이 되고 아이들은 보석친구가 되었다. 그러다 보니 자기의 행동을 보석에 걸맞게 행동하려고 서로서로 노력한다. 그래서 늘 행복한 수업을 할 수 있게 되었다.

버츄 프로젝트 인성 교육 프로그램을 적용한 지 3년째인데, 이제는 우리 학교 인성 교육 브랜드로 정해져 전교적으로 실시하고 있다.

이 책을 쓰게 된 이유는 5여 년간 연구하고 적용한 하브루타와 버츄 프로젝트를 혼자 알고 있기에는 너무 아까웠기 때문이다. 그리고 인성 지도, 생활 지도로 힘들어하는 동료 교사들과 부모님들에게 길잡이가 되기를 바라는 마음에, 아직 만족할 만한 연구 결과물은 아니지만 조금이라도 도움이 되고자 하는 마음으로 준비하게 되었다.

아이들이 행복하게 자라도록 하려면 가정에서는 부모가 행복해야 하고, 학교에서는 교사가 행복해야 한다. 행복한 교사, 부모가 되기 위해서는 옛날 교육 방법을 고수하기보다 시대에 맞는 새로운 방법을 받아들여야 한다. 『탈무드』에 다음과 같은 말이 있다.

"가장 훌륭한 교육자는 새로운 것을 배우는 늘 학생인 자다."

하브루타 교육으로 내 인생을 바꾸어 주신 고 전성수 교수님, 학교 생활이 행복하도록 해 주신 한국버츄프로젝트 김영경 대표님, 『자존감, 효능감을 만드는 버츄 프로젝트 수업』으로 보다 쉽게 학교 현장에 적용할 수 있도록 해 주신 권영애 선생님께 감사드린다.

책이 나오기까지 아낌없이 도움 주신 김동옥 교장선생님, 서경순 교감선생님, 우리 학교 모든 선생님, 하브루타교육협회 이사장 이일우 교수님, 늘 도전과 격려를 주시는 김금선 이사님, 양동일 이사님, 김정환 이사님, 정경화 이사님, 김혜경 이사님, 부산하브루타교육연구회 이사님, 그외 하브루타 교육을 함께 연구하는 모든 이사님께도 감사드린다.

늘 나를 위해 기도해 주신 남편과 멀리 미국에서 기도로 응원해 준 성균이와 혜원이에게도 고마운 마음을 전한다.

김윤순

차 례

 제5장 생각숲을 가꾸는
하브루타 수업 사례

 제6장 생각숲을 가꾸는
전래동화 하브루타 수업

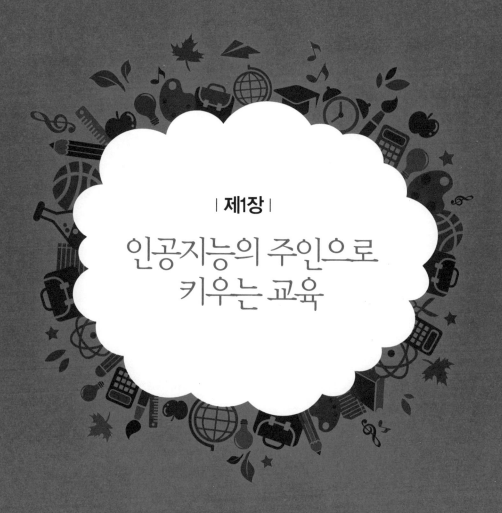

| 제1장 |

인공지능의 주인으로
키우는 교육

01
생각뇌가
잠자는 교육

생각뇌

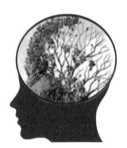

노화된 뇌

이 충격적인 그림을 보라. 왜 우리 아이들의 뇌가 자라지도 않고 노화되고 있을까? 심각한 현상이 우리 아이들에게서 일어나고 있다.

수업 시간에 조금이라도 생각해야 하는 내용이 나오면 "모르겠어요.", "안 하면 안 돼요?", "꼭 해야 하나요?", "생각이 안 나요." 등의 말을 하면서 소극적으로 수업에 임한다. 생각을 글로 쓸 때도 마찬가지이다. 두세 줄 써 놓고 "다 썼어요.", "쓸 게 없어요.", "몇 줄 이상 써야 돼요?" 하고 묻는다.

왜 이렇게 우리 아이들은 생각하기를 싫어하게 되었을까?

원인은 여러 가지가 있겠지만 정답을 알려 주는 친절한 정답 교육, 지식을 스스로 찾아가는 것이 아니라 친절하게 알려 주는 강의식·주입식 교육, 영상 매체를 이용한 클릭 수업, 생각 없이 보는 동영상 자료, 스마트폰이나 컴퓨터 게임 등의 영향이 아닐까 생각한다.

생각숲이 가득한 아이로 자라게 하려면 생각하는 힘을 길러 주는 활동 중심으로 수업이 바뀌어야 한다.

지나치게 친절한 교육

우리나라 대부분의 교사와 부모는 너무 친절하다. 아이가 질문하면 아는 대로 최대한 친절하게 잘 가르쳐 준다. 예까지 들면서 아주 상세하게 가르쳐 준다. 그러니까 아이들은 생각할 여유도, 이유도 없다. 이런 일이 유치원 때부터 지속적으로 행해져 고등학교 심지어 대학교까지 반복되고 있다. 그러다 보니 아이들은 생각하는 힘을 잃어버렸을 뿐 아니라 생각하는 것을 귀찮게 여기고 싫어하게 되었다.

세계의 경제, 언론, 문화, 금융, 법조계를 좌지우지하는 유대인은 우리와 다르다. 유대인은 아이가 고통스러워야 잘 자란다고 생각해서 어릴 때부터 아이가 할 수 있는 것은 부모가 절대로 해 주지 않는다. 그리고 스스로 하게 질문을 한다.

예를 들어, "엄마, 왜 하늘이 파랄까요?"라고 질문을 하면 "너는 왜 하늘이 파랗다고 생각하니?" 하면서 아이가 생각할 수 있도록 다시 물어본다. 아이가 생각할 수 있는 기회를 주는 것이다. 그리고 기다려 준다. 질문하는 것을 일상생활화하다 보니 클수록 생각뇌가 잘 자라서 생각숲이 잘 가꾸어지고 창의적인 생각을 잘해서 독특한 아이디어가 많이 나온다.

강의식·주입식·설명식 수업

강의식 수업은 맹목적인 암기와 반복을 통하여 죽은 지식만을 전달하고 가르치는 교수법의 전형이다. 1950~60년대에 배우던 방법을 그대로 답습한 교사가 아이들을 가르치고, 거기서 배출된 교사가 또 배운 대로 가르치다 보니 21세기에 대학을 졸업한 젊은 교사나 부모도 자기가 배운 예전 방식대로 가르치게 되는 것이다.

강의식 수업을 교실에서 완전히 사라지게 할 수는 없다. 때로는 지식을 많이 전달해야 하는 경우가 있다. 이럴 때는 강의식 수업이 적합하다. 그러나 오늘날에는 대부분의 일반적인 지식은 인터넷을 검색하면 답을 금방 알 수 있다.

일방적인 강의식 수업을 점차 탈출하는 것이 21세기의 주인공인 우리 아이들에게 무엇보다 필요하다. 강의식·주입식으로 수업을 할 때 5분만 지나면 우리 아이들의 전두엽은 잠잘 준비를 한다. 그래서 중·고등학교 수업 시간에 잠자는 아이가 많다. 회사 직원이나 교사들이 연수받을 때도 강사들이 주로 강의식으로 한다. 그러다 보니 연수생들은 시간이 조금 지나면 졸기 시작한다. 조는 이유는 강의가 재미 없다기보다는 두뇌의 구조가 그렇게 되어 있기 때문이다. 생각하는 활동 없이 계속 듣기만 하니까 조는 것이다. 전두엽은 생각을 하고 직접 해 보는 활동을 해야 활발하게 움직여 졸음을 느끼지 않는다.

일방적인 강의는 일사천리로 하기 때문에 학생은 궁금한 것이 있어도 질문을 할 수 없다. 나중에 해야지 하다가 수업이 끝나고 나면 다 잊어버리고 그냥 넘어가는 경우가 대부분이다.

강의식·설명식 수업으로는 더 이상 영상 교육 세대인 아이들의 시선을 사로잡을 수 없다. 사고력과 창의성도 키워 줄 수 없다. 1초에 몇 번씩이나 화면이 바뀌는 영상을 눈에서 떼지 못하고 생활하는 아이들에게 주입식 수업은 지루해서 견딜 수가 없는 것이다. 그래서 최대한 아이들이 생각하고, 말하고, 직접 체험하고, 손으로 만드는 활동 중심의 수업으로 바꾸어 가야 한다.

정답 위주의 교육

우리나라 교육은 정답 찾기 교육이다. 특히 입시에 맞추다 보니 정답을 찾는 교육에서 벗어나지 못하고 있다. 정답식 교육이 생각뇌를 노화시키는 이유는 간단하다.

EBS에서 방영된 「시험」이라는 프로그램에서 실험한 사례가 있다.

24명의 대학생들에게 설문조사를 하게 했다. '가' 팀에게는 "A는 펜, B는 텀블러, C는 강아지 장난감, D는 카메라 부품이다."라고 단정 지어 말해 주고, '나' 팀에게는 "A는 펜, B는 텀블러, C는 강아지 장난감, D는 카메라 부품일 수도 있다."고 말했다. 설문조사를 하다가 문제 방향을 반대로 바꾸어야 한다면서 지금까지 한 것을 지워야 하는 상황이 되었다. 그런데 지우개는 어디에도 없었다. 그런데 놀라운 일이 일어났다.

'~이다.'로 단정 지은 '가' 팀은 12명 중 1명만 강아지 장난감으로 지웠고, '~일 수도 있다.'고 한 '나' 팀은 12명 중 6명이 강아지 장난감으로 지워서 설문조사를 계속하였다. 학생들은 강아지 장난감이라고 단정 지어 말을 하니까 더 이상 다른 것이라고 생각해 볼 여지가 없었다고 말했다.

이 실험이 의미하는 바는 무엇일까?

뭔가를 생각하는 방법이 "이것이다." 뭔가를 알게 되는 방법이 "이것이다."는 식으로 말해 주면 더 이상 다른 생각을 할 수 없도록 사고를 막는다. 고정된 틀 속에 갇히게 되는 것이다. 그래서 늘 정답만 찾아야 하기 때문에 아이들은 어려워하고 스스로 답을 찾기보다 답을 알려 주기만을 기다리게 된다. 그동안 우리 아이들은 이런 교육을 받으며 자라 왔다. 이 것이 교육 현실에서 가장 큰 문제점이 아닐까?

예를 들면 1 + 1 = 2라고 가르치니 더 이상 생각해 볼 여지가 없다. 사실 이것은 수학적으로 2이지 실생활에 적용해 보면 다양한 답이 나올 수 있다. 물 한 방울에 물 한 방울을 더하면 큰 물 한 방울이 되고, 엄마와 아빠가 사랑을 해서 아이를 낳으면 셋, 넷도 될 수 있다. 다음과 같은 더하기 결과도 가능하다.

남 + 북 = 한민족, 평화통일

지식 + 지식 = 융합지식

철 조각 + 철 조각 = 큰 철 덩어리

낱자 + 낱자 = 단어

정답주의 교육은 아이들의 생각을 고정시켜 확산된 사고를 할 수 없게 만든다. 그러므로 고정관념을 깨고 다양한 생각을 할 수 있도록 정답주의 교육에서 벗어나 다양한 해답을 찾는 교육으로 바꾸어 가야 하는 것이다.

일방통행식으로 가르치는 교육

우리 아이들은 2~3세경 말을 알아들을 때부터 계속 일방적인 가르침을 받는다. 어린이집에서부터 "하지 마라.", "해라."라는 소리를 듣다가 유치원에서도, 학원에서도, 학교에서도 친절하게 일방적으로 가르침을 받는다. 한마디로 우리나라 교육자들은 심각한 가르침 중독에 빠져 있다.

그런데 가르치는 것이 좋아서 교사를 선택한 사람들에게 가르치지 말라고 하면 반발할 수도 있다. 필자도 몇 년 전까지 그랬다. 완벽하게 교과서의 내용을 가르쳐야 직성이 풀리는 교사였다. 조금이라도 덜 가르치면 마음이 개운하지 않아 하는 그야말로 가르침 중독자였다.

일반적으로 교사는 최선을 다해 친절하게 가르치면 아이들이 잘 배운다고 생각한다. 교과서에 나오는 모든 내용을 빠짐없이 가르치고 나면 마음이 편하고 잘 가르쳤다고 스스로 만족해한다. 그런데 공부 방법에 대해 연구를 하다 보니 교사의 가르침이 많을수록 학생들의 배움은 적게 일어나고, 교사의 가르침이 적을수록 학생들의 배움은 많이 일어난다는 사실을 알게 되었다. 지금 와서 생각해 보면 이전의 내 모습은 무식하기 그지없는 교사였다.

이제부터라도 우리나라의 모든 교사와 학부모가 가르침 중독에서 벗어나기를 바란다. 그래서 아이에게 가르치려 하기보다 아이 스스로 배워서 나아갈 수 있도록 생각하는 시간을 주고, 늦어도 기다려 주며, 격려해 주고, 인정해 주고, 질문하면서 코칭하는 역할로 바꾸어 가기를 바란다.

가르침과 배움은 완전히 다르다. 김태현 선생님은 책 『교사, 수업에서 나를 만나다』에서 배움에는 5가지 수준이 있다고 했다.

1단계는 사실적 사고 수준으로 지식이 학생의 머리에 정보로 기억되는 수준이다. 2단계는 추론적 사고 수준으로 학생들이 배운 지식을 바탕으로 "왜?"라는 질문을 던지고 탐구하는 수준이다. 3단계는 비판적 사고 수준으로 던진 질문과 배운 지식을 총동원하여 논리적이고 합리적으로 판단하는 수준으로 우리가 즐겨하는 토론과 논쟁 수업이 해당한다. 4단계는 창의적 사고 수준으로 현재 배우고 있는 지식 영역과 전혀 다른 영역을 통합하여 새로운 창작물을 만들어 내는 수준으로 융합 수업, 스팀 수업, 프로젝트 수업 등이 있다. 5단계는 성찰적 사고 수준으로 수업을 통해 얻은 깨달음을 바탕으로 자신의 삶과 사회를 성찰하며 자신의 삶이 보다 나은 쪽으로 변화되는 수준이다.

교육을 뜻하는 영어 Education은 라틴어가 어원으로 '밖으로(e) + 끌어내는(ducare)' 것을 뜻한다. 쉽게 말하면 머릿속에 들어 있는 생각을 밖으로 끌어낼 때 교육이 이루어진다는 것이다. 그러면 학생의 머릿속에 있는 생각을 어떻게 끌어내야 할까? 바로 질문이다.

02
생각뇌를
키우는 교육

학생이 주인공인 수업

내 삶의 주인은 누구일까? 아이들 삶의 주인은 누구일까?

드라마나 영화를 보면 다 주인공이 있다. 주인공은 말을 많이 한다. 수업에도 주인공이 있다. 수업에서 주인공은 누가 되어야 할까? 질문을 던져 본다. 우문우답이 나올 정도로 답은 분명하다.

그런데 우리 아이들은 수업에서 주인공 역할을 잘하고 있는가? 수업 시간에 과연 주인공으로서 역할을 다하도록 수업을 하고 있는가? 질문을 던져 보아야 한다.

학교 수업에서는 선생님들이 주인공 자리를 내주지 않는다. 아이들에게 '이렇게 해라.', '저렇게 해라.', '하지 마라.' 하며, 자신이 알려 주는 지식만 '외워라.', '적어라.' 하는 식으로 주인공 자리를 잘 내주지 않고 있다.

학생이 주인공인 수업을 하고 싶으면 교사가 과감하게 주인공 자리를 물려 줄 의지가 있어야 한다. 그 자리가 좋아서 자신도 모르게 계속 주인공 역할을 하는 설명식, 주입식 수업을 벗어나지 못하면 아이들은 수업의 주인공이 될 수 없다.

주인공 자리를 내주면 아이들이 주인공 역할을 잘 해낼 수 없을 것 같은 의구심이 들기 때문에 쉽게 자리를 내놓지 못하고 있는 것이 사실이다. 아이들끼리 말하라고 했을 때 '딴짓하면 어떡하지?', '잡담하면 어쩌지?' 하는 노파심에 쉽게 주인공 자리를 내주지 못하고 있다.

그런데 아이들은 믿어 주면 더 잘한다. 늘 조용하게 설명하는 수업을 하다가 5분 이상 시끄러우면 참지 못하는 교사가 아직 많다. 그런데 이러한 상황을 부담스러워하지 말고 즐겨야 한다. '아이들이 주인공이 되니 이렇게 즐겁고 행복하게 말하는구나.' 하고 생각하고 궤간 순시를 하면서 잘 안 되는 아이들에게 도움을 주면 된다.

실제로 '짝 대화'를 할 때, 대화 규칙을 말해 주고 질문이나 토론을 할 때 어떤 미덕을 깨우면 좋을지 울타리를 쳐 주면 예상외로 진지하게 잘하는 것을 볼 수 있다. 시간이 지나면 지날수록 경청의 습관이 체화되어 간다.

가정에서 아이들 삶의 주인공은 누구일까? 엄마가 주인공이다. 엄마가 아이의 일거수일투족을 관리, 감독한다. 아이가 어릴 때는 이것이 당연하지만 초·중·고·대학교를 가도 마찬가지 역할을 하는 엄마가 많다. 자녀가 자라서도 학원 관리, 꿈 관리, 수강 신청 관리 등 무수히 많은 일을 한다. 심지어 결혼도 "이 사람은 절대로 안 돼. 저 사람하고 해."라고 간섭을 한다. 이러다 보니 헬리콥터 맘, 마마보이, 마마걸이니 하는 말이 생기게 된 것이다.

아이 삶의 주인공은 아이다. 과감하게 스스로 성장할 수 있도록 주인공 자리를 물려주어야 한다. 부모는 아이가 바르게 선택할 수 있도록 질문하고 격려해 주면 된다. 그러면 아이는 깊이 생각하고 올바르게 판단해서 행동에 옮기게 될 것이다. 그러면 자신이 깊이 생각해 보고 선택했기 때문에 자기의 행동이나 말에 대해 책임을 지게 된다. 부모를 원망하는 일이 없어지게 된다.

2015년 개정 교육 과정은 핵심 역량을 길러 주는 것이 목적이다. 핵심 역량을 키워 주려면 학생 활동 중심 수업으로 바꾸어야 한다. 그래서 학생이 주인공인 수업으로 바꾸어야 한다. 역량이라는 단어의 뜻을 찾아보면 '어떤 일을 해낼 수 있는 힘'이라고 나와 있다. 역량을 기르려면 직접 해 봐야 한다.

예를 들면 국어의 핵심 역량 중에 의사소통 역량이 있다. 의사소통 역량을 길러 주기 위해 "첫째, 경청을 해야 하고, 둘째, 말하는 사람을 바라봐야 해. 알았지." 하고 설명하고 넘어가면 이론으로는 알지 모르지만 실제로는 역량이 길러지지 않는다. 의사소통 역량은 아이들끼리 직접 대화하고 질문하고 토론하는 과정에서 길러지는 것이다. 알고 있는 것과 할 수 있는 것은 다르기 때문이다.

필자도 30여 년간 교사가 주인공으로서 말을 많이 하는 수업을 해 왔다. 예전에는 그 방법이 최고인 줄 알고 최선을 다해 열변을 토해 왔던 것이다. 배움과 가르침을 다르게 생각하지 않고 오로지 열심히 가르치면 열심히 배우는 줄 착각하면서 수업을 해 왔다. 그런데 배움 중심 수업이 나오면서 아이들의 입장에서 생각해 보며 반성을 하게 되었다.

산업사회에서는 많은 지식을 주입하는 것이 필요했고, 적중했다. 그러나 21세기 인공지능 시대에는 창의성과 협업 능력, 소통과 비판적 사고력, 문제 해결 능력을 길러 주어야 뒤처지지 않고 앞서가는 삶을 살아갈 수 있다. 이러한 역량을 키워 주기 위해서는 학생들이 수업의 주인공이 되어 직접 경험해 보고, 만져 보고, 실험해 보고, 설명해 보고, 가르쳐 보고, 말해 보아야 한다. 그래야 인공지능과 경쟁해서 이길 수 있는 역량을 키울 수 있다.

가르침이 적은 수업

요즘 일본 열도를 휩쓸고 있는 수업 방법은 가르치지 않는 수업이다. 일본의 중학교 교사 야마모토가 쓴 『스스로 배우는 학생을 만드는 가르치지 않는 수업』이라는 책을 읽고 많은 생각을 하게 되었다.

가르침이 적은 수업은 기존의 강의식, 설명식 수업에서 벗어나 학생들에게 질문이나 문제로 과제를 주어 짝끼리, 모둠끼리 스스로 해결해 나가도록 하는 것이다.

그런데 이 책에 나오는 방법을 초등학생에게 그대로 적용하는 것은 어려웠다. 그래서 나에게 맞게, 내가 가르치는 아이들에게 맞게, 최대한 가르침이 적도록 학생이 주인공인 수업으로 바꾸어 적용했다.

교사가 적게 가르칠수록 배움은 많이 일어난다. 그렇게 하려면 교사가 '어떻게 하면 적게 가르칠까?', '어떻게 하면 아이들의 배움이 많이 일어나게 할까?' 고민하면서 수업을 해야 한다.

적게 가르친다는 것은 아이들이 생각하고, 말하고, 토론하고, 직접 체험해 보는 활동을 많이 하는 것이다. 그렇다고 교사는 뒷짐 지고 노는 것이 아니라 궤간 순시를 하며 잘 안 되는 아이들이 있는지 살피면서 도와주는 조력자, 안내자, 지원자 역할을 하여야 한다.

교사가 많이 가르칠수록 아이들은 생각하지 않고 교사에게 의지하게 된다. '조금만 기다리면 선생님이 설명해 줄 건데…', '답을 가르쳐 줄 건데 왜 내가 머리 아프게 생각해.' 하며 답을 알려 줄 때까지 생각 없이 기다리게 된다. 쉽게 배운 것은 쉽게 잊어버리기 마련이다. 반면에 어렵고 힘들게 배워야 안 잊어버리고 평생 간다.

어릴 때 자전거 타는 법을 배우던 기억을 떠올려 보자. 엄마가 자전거를 타고서는 "이렇게 하는 거야. 오른쪽으로 갈 때는 오른쪽으로 핸들을 꺾어. 왼쪽으로 갈 때는 반대로 꺾으면 돼." 하면서 시범을 보이기만 하고 친절하게 알려 주기만 하면 평생 아이는 자전거 타는 법을 배우지 못할 것이다. 반면에 아이에게 자전거를 주고 먼저 올라타서 직접 부딪치게 해서 넘어지고 깨지고 어렵게 배워야 평생 가는 것이다.

악기 연주를 배우는 것도 마찬가지이다. 백 번, 천 번 남이 연주하는 것을 봐도 내가 체험하지 않으면 직접 연주하지 못한다.

'얼마나 힘들게 배웠는가?', '온몸으로 배웠는가?', '머리로 생각하면서 배웠는가?'에 따라 실력이 달라진다. 지식 공부도 마찬가지이다.

야마모토 교사는 말한다.

"교사와 어른이 꼭 해야 할 일은 교사나 어른이 없어도 아이들 스스로 문제를 해결해서 배움을 포기하지 않도록 씩씩하게 키워 내는 것이다."

가르침과 배움이 있는 쌍방향 수업이 아니라 교사가 일방적으로 가르치기만 하면 아이들은 교사에게 의존해 스스로 문제를 해결하는 능력을 키울 수가 없다. 그래서 부모나 교사는 적게 가르쳐야 한다. 가르치는 대신 질문을 해야 한다. 그렇게 해야 아이들의 배움이 많이 일어난다.

학생들이 말을 많이 하는 수업

교사가 말을 많이 하면 학생의 배움이 적게 일어나고, 교사가 말을 적게 하면 학생의 배움이 많이 일어난다. 다시 말해 학생이 말을 많이 해야 배움이 많이 일어난다. 학생이 말을 많이 하게 하려면 어떻게 수업을 해야 할까?

교사와 학생이 주고받는 핑퐁식 수업이나 거·지·발 수업, 강의식·설명식 수업에서는 절대로 학생이 말을 많이 할 수가 없다. 학생끼리 말을 주고받아야 말을 많이 할 수 있다. 그것이 바로 하브루타 대화, 질문, 토론,

친구 가르치기 수업이다.

세계적인 교수법 전문가인 동시에 역사학을 가르치는 미국의 캔베인 교수는 말했다.

－교사가 질문하고 교사가 대답하는 강의는 최하의 강의

－교사가 질문하고 학생이 대답하면 일반적인 강의

－학생이 질문하고 교사가 대답하면 바람직한 강의

－학생이 질문하고 학생이 대답하는 강의는 최고의 강의

물론 모든 강의에 해당하는 말은 아니지만 일반적으로 그렇다는 말이다. 교사가 말을 많이 하면 배움의 주도권이 교사에게 있고 학생이 말을 많이 하면 배움의 주도권이 학생에게 있기 때문에 나온 말일 것이다.

앞에서 얘기했듯이 요즘 일본에서는 학생이 말을 많이 하고 교사가 말을 적게 하는 수업이 열풍을 일으키고 있다. 교사는 가급적 말을 적게 하고 문제를 해결하는 방법이나 물건을 만드는 방법, 실험 순서 등을 학생끼리 스스로 찾아내서 해결해 나가도록 뒤에서 지원해 주고 질문으로 유도해서 알아내도록 도움을 주는 조력자 역할을 하여 아이들이 말을 많이 하도록 가르친다고 한다. 예를 들면 음식 재료를 주고 학생들끼리 토론하고 연구해서 멋진 음식을 만들어 보는 식이다.

우리 교실도 점점 바뀌어 가고 있다. 아이들끼리 질문, 대화, 토론하는 모습을 보면 진지하면서도 행복해한다. 강의식 수업에서는 전혀 찾아보기 힘든 아름다운 모습이다. 이 시끄럽고 아이들이 행복한 수업이 바로 최고의 강의이다. 아이들이 서로 얘기 나누는 걸 참지 못하는 교사는 강의식, 거·지·발 수업을 벗어나기 힘들 것이다.

설명을 듣는 수업, 내용을 보고 적는 수업, 영상을 클릭하는 수업에서 학생이 설명하는 수업, 학생의 생각을 쓰는 수업, 학생끼리 질문하게 하여 학생들이 말을 많이 하는 수업으로 바꾸어야 한다. 그러면 학생들의 교우 관계가 좋아져서 학교폭력도 사라지고 공동체 역량도 저절로 길러지게 된다.

거·지·발 수업

'거·지·발 수업'이 뭐지? 생소하게 들릴 뿐만 아니라 어감도 그다지 좋지 않다. 거·지·발 수업이란 거수, 지명, 발표하는 수업을 말한다. 그런데 이것은 기존 방식으로 수업을 진행하는 교사들이 자주 사용하는 것이다. 필자도 가끔은 무심코 할 때가 있다. '아, 아니지. 이러면 안 되지.' 하면서 고쳐 나가는 중이다.

교사에 따라서는 '왜 이 수업을 지양해야 하지?' 하고 반발할 수도 있다. 하지만 조금만 깊이 생각해 보면 답이 나온다. 거·지·발 수업에서는 지식적으로 순발력이 뛰어난 아이만 주인공이다. 선행학습을 해 온 아이만 주인공이다. 발표하기를 좋아하는 아이만 주인공이다. 나서기를 좋아하고 적극적인 아이만 주인공이다.

다른 아이들은 두세 명 정도의 발표는 잘 듣는다. 그 다음부터는 관심이 없어지고 손을 들지 않으면 안 시키니 안심하고 딴 생각을 하게 된다. 눈은 선생님을 바라보고 있어도 마음은 딴 곳에 가 있다. 그리고 계속 손을 들었는데 안 시켜 주면 상심해서 그때부터는 아예 수업에 참여하지 않는 아이도 종종 있다.

거·지·발 수업의 대안을 찾다 보니 '짝대화 수업'이 유용했다. 거수하고 지명하기 전에 교사가 아이들 전체를 대상으로 질문할 내용을 짝과 먼저 질문해서 대화나 토론을 시키고 아이들이 충분하게 생각하고 난 다음에 두세 명의 아이에게 확인해 보는 것으로 대체하면 된다. 필자가 시도해 보니 발표를 하지 않던 아이도 자연스럽게 손을 들고 주저 없이 말하였다.

이때는 반드시 짝이 뭐라고 말했는지 말하게 해야 경청을 잘하게 된다. 그렇게 하기 위해 교사는 수업을 시작할 때 "어제 배운 것을 짝에게 서로 설명해 주세요."라고 말한다. 전개 시간도 마찬가지이다. 짝, 모둠, 전체 활동으로 하거나 짝 바꾸어 활동하기를 하면 전체 아이가 주인공으로서 수업을 하는 기분이 들게 된다. 정리 시간에도 "오늘 배운 것을 짝에게 가르쳐 주기를 해 봅시다.", "알게 된 내용을 짝에게 설명해 주세요.", "오늘 배운 것을 짝에게 질문해 보세요."라고 말한다.

자세한 내용은 뒤에 나오는 수업 사례를 참고하기 바란다.

코칭 수업―외계인 교수법

미국 스탠포드대학교 대학원 부학장인 폴김 교수는 "미래 교육은 티칭이 아니라 코칭이다."라고 말했다. 폴김 교수는 고등학교 과정까지는 한국에서, 대학과 대학원 공부는 미국에서 하였다. 그는 한국에서 교육을 받은 12년 동안 좋은 기억이 거의 없다고 한다. 공부도 하기 싫었고, 학교에도 가기 싫었고, 왜 이렇게 시간을 낭비해야 하나 싶어서 빨리 탈출하고 싶었다고 한다.

그가 미국 대학교에서 경험한 아주 바람직한 일화를 소개하고자 한다.

첫 수업으로 음악 감상을 했는데 교수님이 자신의 감상을 5쪽짜리 에

세이로 써서 내라고 했다. 폴김이 영어가 잘 안 돼서 서너 줄 쓰고 가만히 있으니, 교수님이 "음악에 관심이 없는 건가? 쓸 말이 없는 건가?"라고 물어보셨다. 폴김은 "감성은 풍부하고 쓸 말은 많은데 영어가 안 돼서 못 한 겁니다."라고 말하니, 교수님이 한국말로 써 오라고 해서 한글로 써 갔다. 교수님이 영어사전을 가지고 와서 한국어로 된 단어의 뜻을 사전에서 찾아 영어로 설명하라고 해서 설명을 하였더니 잘했다고 A를 주었다고 했다.

그때 교수님이 하신 말씀이 감동적이었다.

"영어 수업이 아니라 음악 수업이니 음악적인 것만 평가하겠다."

이렇게 하는 것이 코치형 수업이다.

폴김, 함돈균 교수가 함께 쓴 책 『교육의 미래, 티칭이 아니라 코칭이다』를 통해 '외계인 교수법'을 알게 되었다. 우리 학교 교육과 가정 교육에서 이 교수법을 적용하여야 아이들이 살고 나라의 미래가 있을 것이라 생각되어 소개하고자 한다.

외계인 교수법이 나오게 된 경위는 다음과 같다.

폴김 교수가 학습 기기인 포켓스쿨을 개발하여 학교가 뭔지 모르는 멕시코 원주민의 아이들에게 나누어 주며 말했다.

"나는 이 기기에 대해 아는 것이 없어. 이 기기는 외계인이 주고 간 거야. 너희가 무척 똑똑하다는 이야기를 듣고 여기까지 찾아왔단다. 분석해서 좀 가르쳐 줘. 나를 도와줄 수 있지?"

그랬더니 아이들이 호기심을 가지고 이리저리 만지고 살펴보다가 전원을 켜고 사용하는 방법을 터득했다고 한다.

전혀 가르쳐 주지 않고 용기와 격려의 말만 했는데도 아이들 스스로 사용 방법을 찾아낸 것이다. 이것이 바로 가르치지 않는 수업과 통하는 외계인 교수법이다. 이런 식으로 문제를 던져 주고 아이들 스스로 해결해 나가도록 아이들의 역량을 키워 주어야 한다.

아마도 하브루타를 알기 전의 나였다면 그 기계를 아이들에게 친절한 '이유식 교수법'으로 설명했을 것이다.

"자, 여러분 나를 보세요, 이 기기는 포켓스쿨이라는 건데요. 이쪽 위의 버튼을 누르면 전원이 켜지고요, 이렇게 아이콘을 누르면 동화가 나오고요,…"

이렇게 친절하게 설명해 주고 공부해 보라고 했을 것이다. 이렇게 하는 수업에서는 능동적인 아이를 기를 수 없고, 스스로 문제를 해결해 나가는 능력을 키울 수 없으며, 아이들은 계속적으로 교사를 의지하며 생각하지 않고 가르쳐 주기만을 기다릴 것이다. 수동적인 아이로 기르지 않기 위해서는 우리 교실 현장에 외계인 교수법을 도입해야 한다.

외계인 교수법은 학습자인 아이들이 주인공이 되는 것이다. 스스로 깨우치고 찾아서 분석하고 알아낸 것들을 서로 가르치는 방법으로 모든 교과에 적용할 수 있다. 특히 수학, 과학, 사회 등의 과목에서 스스로 고민하고 짝과 함께 해결해 보고 모둠과 같이 해결해 나가는 능력을 길러 주면 좋다.

소크라테스 교육법

소크라테스 질문법은 비판적 사고력과 창의성을 계발하는 데 꼭 필요한 질문 기법이다. 비판적 사고력은 창의성 계발에 꼭 필요하다. 창의성은 확산적 사고(divergent thinking)와 수렴적 사고(convergent thinking) 둘 다 요구된다. 산업 및 교육 현장에서 많이 쓰이는 브레인스토밍(brainstorming) 기법도 넓게 보면 이 두 단계를 따르게 된다. 확산적 사고 단계에서 아이디어를 최대한 많이 무비판적으로 생성시키고, 수렴적 단계에서 최적의 아이디어를 심사숙고한 후에 고르는 것이다.

수렴적 사고 과정에서 비판적 사고력은 중요한 부분을 차지한다. 특히 요즘과 같은 정보 홍수 시대와, 가짜 뉴스가 돌아다니는 시대를 살고 있는 우리 학생들에게 비판적 사고력은 창의성 계발에 필수이다.

비판적 사고력은 학생의 기억력뿐만 아니라 다양한 지능을 적극 활용하는 과정을 가리키는 능력이다. 정답이 하나로 정해진 전통 방식의 수업에서는 주로 기억력 좋은 학생이 영재 취급을 받았고 학업 성적도 좋았다. 그런데 이 아이들의 비판적 사고력이 뛰어나다고는 할 수 없다. 비판적 사고력은 암기 그 이상의 능력을 요구하기 때문이다. 다른 사람과 대화하는 중에 상대방의 말 저변에 깔려 있는 전제가 논리적으로 오류가 없는지, 사실과 의견을 통찰력 있게 구분하거나, 의견에 대한 증거가 무엇인지, 여러 대안 중 가장 효율적인 답은 무엇인지를 판단하는 과정 모두를 뜻한다.

그래서 교실에서 수업을 할 때는 지식과 기술, 핵심 역량을 가르쳐야 한다. 예를 들면 지식 위주의 교육이라고 볼 수 있는 '프랑스 혁명은 몇 년에 일어났는가?'와 같은 정보는 이제 인터넷만 검색하면 몇 초 안에 알 수 있다. 언제, 어디서, 무엇을 했는지에 대한 지식을 아는 것 자체보다는 '왜 프랑스 혁명이 일어났는가?'에 대한 정보를 이해하고 파헤치는 과정 속에서 지식은 자연스럽게 따라오게 된다는 사실을 아는 것이 중요하다. 사실을 바탕으로 생각하고 깨닫고 비판하며, 지식을 바탕으로 생활에 적용하도록 학생들에게 질문해야 한다.

소크라테스식 교수법은 지식을 외울 필요가 없는 방법이다. 이 방법의 전제는 소크라테스의 전제와 같이 '이 질문의 답은 이것이다.'라고 강요하지 않는 것이다. 따라서 교사나 부모는 아이들에게 '예.' 또는 '아니오.' 또는 답 1개로 딱 떨어지는 질문이 아니라 생각을 유도하는 질문을 해야 한다. 단순한 정보가 아니라 대답하기 곤란한 질문을 하여 생각하고 스스로 알아가게 하는 것이다.

고대 사회의 교육법이 지금에 와서 더 인기가 있는 비결이 무엇일까? 아마도 하브루타 교육이 전국적으로 확산되고 질문 교육법의 필요성이 대두되었기 때문이 아닐까 생각한다.

최고의 교수법 하브루타

오늘날 유대인이 금융업, IT 기업, 언론, 방송, 문화계 등에서 두각을 나타내는 비결은 무엇일까? 그 비결은 하브루타에 있다. 『최고의 공부법』

을 펴낸 전성수 교수는 '하브루타란 하베르(히브리어로 친구)에서 따온 말로서 짝을 지어 질문하고 대화하고 토론하고 논쟁하는 것'이라고 정의 내렸다.

우리 뇌에서 전두엽은 하는 일이 가장 많고 중요하다. 전두엽은 일명 생각머리이다. 생각머리가 발달하려면 생각하는 힘을 길러야 한다. 생각하는 힘을 기르려면 질문과 토론을 많이 해야 한다. 질문하고 토론하는 하브루타를 하면 전두엽이 활성화된다. 유대인은 수천 년 동안 질문과 토론하는 문화 속에서 살아왔기 때문에 아이 때는 우리나라보다 지능지수가 낮아도 어른이 되면 사고력과 창의성이 더 뛰어나게 되는 것이다.

그래서 학생들에게 처음 하브루타 수업을 시작할 때는 전두엽의 역할에 대한 영상 자료를 보여 주면서 우리 뇌가 하는 일을 먼저 공부한다. 후두엽은 시각 기능을 담당하고, 두정엽은 공간·감각 기능을 담당하며, 측두엽은 말하는 언어 기능을 담당하고, 전두엽은 감정·운동·지적 기능을 담당한다. 쉽게 말해 전두엽은 사고력, 창의력, 기억력, 감정 조절을 통한 바른 인성을 담당하는 곳이다.

우리 아이들의 뇌를 격동시켜 유대인을 능가하려면 어떻게 해야 할까?

독서를 많이 해야 한다.

일본 니혼대학교의 모리 아키오 교수는 아이들이 일주일에 3시간씩 10년간 게임을 하면 아이의 뇌가 짐승의 뇌로 바뀔 수 있으므로 게임을 엄격하게 통제하고 대신에 독서를 많이 하여 전두엽을 활성화시켜 주어야 한다고 했다.

책을 읽을 때는 소리 내서 읽어야 한다. 소리를 내서 성독하면 묵독할 때보다 30~40% 더 오래 기억하고, 말하기 능력이 길러지며, 글을 읽을 때 실감나게 읽기 때문에 연기력이 좋아진다. 소리 내서 읽으면 내용을 끝까지 읽기 때문에 대충 읽지 않고 자세하게 읽게 되고, 끊어 읽기가 훈련되어 좋다. 그리고 만화보다는 줄글을 읽는 것이 더 좋고, 전자책보다는 종이책이 더 좋다.

질문과 토론을 많이 해야 한다.

질문과 토론은 사물을 깊이 있게 이해하고 본질을 찾는 능력을 전두엽에게 준다. 쉬운 말로 하면 전두엽의 보약이다. 질문을 하게 되면 대답을 해야 하기 때문에 생각을 하게 되고 생각을 하다 보면 사고력이 길러지고 창의력이 생기게 된다.

질문 토론의 소재는 무궁무진하다. 성경 구절, 뉴스, 그림, 영상, 신문기사, 전래동화 등 주변의 모든 것이 질문 토론의 주제가 될 수 있다. 가장 쉬운 것부터 시작하면 된다. 가족이 함께 외식을 하려고 할 때 엄마는 한식집에 가고 싶고, 아이는 양식집에 가고 싶어 한다. 이럴 때 충분한 토론을 해서 선택을 하면 아이도 어른도 기분 좋은 외식이 될 수 있다.

꿈을 찾아 주어야 한다.

우리 아이들 중에는 꿈이 없는 아이가 많다. 꿈이 없다는 것은 망망대해에 목적지 없이 표류하는 배와 같다. 이 배가 풍파를 만나면 어떻게 될까? 침몰하게 된다. 우리 아이들도 마찬가지이다. 꿈이 없는 아이는 왜 학교에 다녀야 하는지, 왜 공부를 해야 하는지 분명한 목표가 없다. 그러니 공부에 흥미가 있을 리 없고 다른 것에 더 관심을 기울이게 된다. 잘못되면 집을 나가거나 방황하게 된다. 그런데 꿈이 있고 목표가 분명한 아이는 방황하지 않는다. 그 목표를 이루기 위해 할 일이 있다. 그래서 늘 전두엽이 반짝반짝 켜져 있다.

후두엽을 자주 닫아야 한다.

후두엽은 시각 기능을 담당한다. 하루 종일 눈을 뜨고 있으면 눈도 피로하지만 후두엽도 피로해지기 때문에 눈을 감고 쉬어 주는 것이 좋다. 특히 하루에 1분씩 눈을 감는 것을 5회 정도 해 주면 눈이 건강해지고 후두엽도 쉴 수 있다. 반대로 전두엽은 일하게 된다. 그래서 눈을 감고 기도나 명상, 사색을 할 때 전두엽이 활발하게 움직여서 생각머리를 활성화시킬 수 있다고 한다.

감정 조절을 잘하고 화가 난 이유를 찾아야 한다.

요즘은 어른이나 아이나 분노가 조절이 안 되는 사람이 많다. 화가 나면 참지 못하고 큰소리를 지를 것이 아니라 심호흡을 서너 번 한 후에 '내가 왜 화를 냈지?' 하고 생각해 보면서 화를 조절해야 한다. 그러지 않고 버럭 소리를 지르거나 짜증을 내면 전두엽이 활성화되지 못해 이성적인 판단이 어렵게 된다. 그러므로 화를 참고 조절하는 습관을 들여야 한다.

규칙적인 운동을 하고 악기를 연주한다.

꾸준하게 운동을 하고 악기를 연주할 때 전두엽은 춤을 춘다. 그러므로 아이들에게 매일 운동을 하도록 하고, 악기도 1~2가지를 배우게 한다. 그러면 스트레스가 해소되고 생각머리 발달에 도움이 된다.

공부를 할 때는 자기 스스로 먼저 답을 생각하고 해결하게 한다.

친절하게 답을 가르쳐 주는 부모나 교사가 되면 안 된다. 아이가 생각해 보기도 전에 설명해 주는 부모나 교사는 마치 아이에게 독약을 주는 것과 같다. 친절한 설명은 아이의 전두엽을 일하지 않고 쉬게 한다.

아이가 질하지 못할 경우에는 스스로 해결해 나가도록 질문하면서 기다려 주면 된다. 스스로 생각하고 문제를 해결했을 때 성취감을 느끼고 전두엽이 활발하게 움직여 생각머리도 좋아지게 된다.

전두엽을 발달시키면 모방에서 벗어나 독창성이 증가하며 자기주도적으로 문제를 해결하는 능력이 향상된다. 또 전체를 보는 안목이 넓어져 충동을 억제하고 감정을 조절하는 능력이 증가해서 외부의 자극에 의연하게 대처하게 된다.

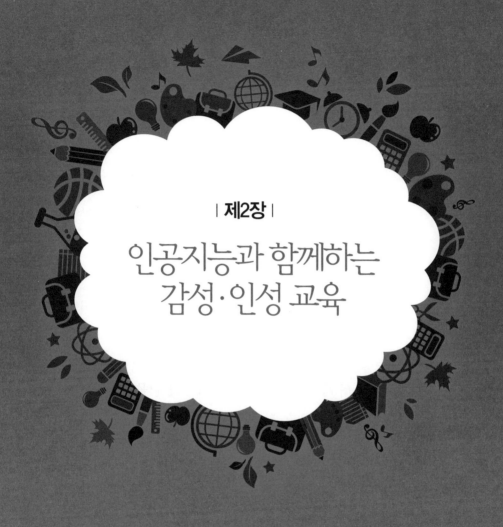

| 제2장 |

인공지능과 함께하는
감성·인성 교육

01
인공지능 시대와
정서지능

인공지능 시대에는 더 이상 지식만 주입시켜서는 세계와의 경쟁에서 이길 수 없다. 이제는 남과 다르게 표현할 수 있는 창의성과 집단지성으로 협력해야 살아남을 수 있다. 옳고 그름을 판단하는 비판력, 스스로 문제를 해결할 수 있는 능력이 필요한 시대가 되었다. 그에 맞춰 교육 방법도 하루빨리 바뀌어야 한다.

2017년 3월 21일자 『조선일보』에 이스라엘 히브리대학교의 유발 하라리 교수의 인터뷰가 실렸다.

"지금 10대들이 30, 40대가 되면 인공지능과 더불어 살아가야 한다. 그런 아이들에게 뭘 가르칠 건가 깊이 고민해야 할 시기이다. 수학·과학·역사 등 과목별로 가르치는 건 의미가 없다. 그런 공부는 인공지능이 훨씬 더 뛰어나니까. 우리가 아이들에게 가르쳐야 할 과목은 '정서지능 (Emotional Intelligence)'과 '마음의 균형(Mental Balance)'이다. 현재까지는 20대까지 공부한 것으로 평생 먹고살았다. 하지만 앞으로는 나이 예순, 일흔이 넘어 여든에도 쉬지 않고 자기 계발을 해야 할 것이다. 정서지능과 마음의 균형 감각이 중요한 이유다."

하라리 교수는 나이가 들어도 유연하게 변화에 적응할 수 있는 정체성을 어릴 때부터 배워야 균형감 있는 심리 상태가 되어 업무 수행에 더 낫다고 했다.

인성이 좋은 사람들은 정서지능지수가 높다. 정서지능은 자신과 타인의 감정을 잘 다스려 원하는 결과를 이끌어 내는 능력을 말한다. 백악관에 근무할 때 점심시간에 비가 오자 직원들에게 우산을 씌워 준 오바마 미국 전 대통령, 회사의 오너로서 늘 겸손했던 구본무 전 엘지 회장, 대부분의 병력을 잃고도 "아직 신에게는 배가 12척이나 남았습니다."라며 위기 상황에도 자신의 능력을 확신한 이순신 장군 등이 높은 정서지능의 소유자이다.

그러므로 부모나 교육자들은 아이들에게 지식적인 부분을 많이 가르쳐 주는 것도 중요하지만 정서지능을 올려 주는 것이 더욱 중요한 시대가 되었다는 것을 명심하고 교육을 해야 한다.

가상 세계인 사이버 공간이 발달할수록 사람과 소통할 시간이 줄어들어서 갈수록 감성이 메말라 가고 삭막해지며 자기밖에 모르는 시대가 되고 있다. 더욱 정서 교육이 필요한 시대가 되었다. 이에 '2020 핵심 역량'

에 정서지능이 추가되었다.

2015 핵심 역량	2020 핵심 역량
1. 복잡한 문제 해결 능력	1. 복잡한 문제 해결 능력
2. 다른 사람과의 협동	2. 비판적 사고력
3. 사람을 관리하는 능력	3. 창의력
4. 비판적인 사고력	4. 사람을 관리하는 능력
5. 협상하는 능력	5. 다른 사람과의 협동
6. 품질 관리	6. 정서지능
7. 서비스 중심	7. 분별 및 의사 결정
8. 분별 및 의사 결정	8. 서비스 중심
9. 능동적 듣기	9. 협상력
10. 창의력	10. 인지적 유연성

인공지능 시대는 3율 시대이다. 3율이란 공익 조율, 관계 조율, 자기 조율을 말한다. 앞으로는 3율을 잘하는 사람을 필요로 하는 시대이니 인성이 답이다. 심리 치료 전문 교육가인 조벽 교수는 미국 하버드대학교의 면접시험 내용이 3율에 관한 것이라며 아이들의 정서 교육, 인성 교육을 강조했다.

첫째는 공익 조율로서 '사회, 학교, 친구에게 무엇을 기여하고 싶은가?'이다. 둘째는 관계 조율로서 '다른 학생들이 함께 생활하고 밥 먹고 놀고 협업해서 일하고 싶어 하는 사람인가?'이다. 셋째는 자기 조율로서 '스스로 감정을 다스리고 자율적으로 살아갈 수 있는 사람인가?'이다.

왜 3율을 강조할까? 왜 지식보다 3율이 더 필요할까?

02
정서적 금수저와
정서적 흙수저

금수저, 흙수저라는 말이 어느새 부와 가난의 대명사처럼 쓰이고 있다. 일반적으로 금수저라고 하면 자기가 경제적으로 넉넉하거나 부모님이 든든한 경제력을 가진 사람을 일컫는다. 경제적으로 흙수저인 사람은 경제적으로 금수저인 사람들을 많이 부러워하며 부모를 원망하거나 사회를 원망하기도 한다.

하루가 다르게 인정이 메말라 가고 주변과 소통하지 않고 개인주의가 팽배한 지금 아이들을 비롯하여 어른들에게도 필요한 것이 정서적인 풍요로움이다. 학교나 직장이나 사회나 정서적으로 빈곤한 사람이 많다.

학교에서 친구와 소통하지 않고 혼자 노는 아이, 작은 일에도 참지 못하고 화를 내는 아이, 옷깃만 스쳐도 "왜 때려!" 하면서 덤비는 아이, 협동해야 하는 모둠 활동에서 혼자 독단적으로 다 하려는 아이, 모둠 활동에 무임승차하는 아이, 조금만 생각해야 하는 문제가 나오거나 어려운 과제를 제시하면 "몰라요, 생각이 안 나요." 하면서 쉽게 포기하려는 아이, 수업 시간에 다른 친구들은 열심히 공부하는데 장난을 걸어 수업을 방해하고도 미안한 줄 모르는 아이, 이런 아이들이 그대로 자라면 정서적 흙수저가 될 것이다.

이런 아이들은 직장에 들어가도 적응하지 못하고 뛰쳐나올 확률이 높다. 쉽게 말해 정서적 흙수저가 되어 사회적으로 인정받지 못하는 사람이 될 가능성이 높다. 그러므로 이제는 우리 아이들의 정서 교육에 더욱 힘써야 한다. 가정에서도, 학교에서도 정서지능지수를 올려주기 위해 노력해야 한다.

정서적 금수저의 특징은 다음과 같다.

- 자기가 누구인지 알고 행동하며 자신이 하는 일에 자신감이 있다.
- 자기 통제력이 뛰어나서 자기감정을 잘 다스리기 때문에 분노하지 않는다.
- 양심적으로 행동하기 때문에 남들이 신뢰를 한다.
- 환경에 적응을 잘하며, 도전적이고, 새롭게 변화하려는 마음자세를 갖췄다.
- 어떤 일을 성취하기 위해 꾸준하게 노력한다.
- 자기 일에 책임을 다할 뿐 아니라 매사에 솔선수범하고 성격이 낙관적이다.

-타인에 대한 공감 능력이 뛰어나고 의사소통 능력이 우수하다.

-자신의 행동이 타인에게 좋은 영향을 주어 사람들이 따른다.

-역지사지로 생각하고 행동하기 때문에 갈등 조정 능력이 뛰어나다.

-협업 능력이 뛰어나서 다른 사람이 함께 일하고 싶어 한다.

정서적 금수저인 사람들의 예로는 일부 몰지각한 사람을 제외한 대부분의 성직자, 간디, 테레사 수녀, 오바마 대통령, 오프라 윈프리 등 나보다 남을 먼저 생각하는 사람들을 꼽을 수 있다. 정서적 흙수저인 사람들의 예로는 존속살해범, 무차별 묻지마 살인자, 감옥을 내 집 드나들 듯하는 사람 등 셀 수 없이 많다.

조벽, 최성애 교수는 『정서적 흙수저와 정서적 금수저』에서 21세기에는 정서적 금수저인 사람이 리더로서 성공할 수 있다고 했다. 그러므로 우리 아이들을 정서적 금수저로 키우기 위해 부모는 가정에서, 교육자는 교육 현장에서 인성 교육에 각별히 신경을 써야 한다.

03
감성·인성
수업이란?

감성·인성 수업이란 정서지능과 인성지능을 높여 주어 학생에게는 따뜻한 심성과 온유한 마음의 힘을 길러 주고, 교사에게는 따뜻한 소통과 아이를 존중하는 마음의 기술을 갖게 하는 교육 활동을 말한다. 감성 수업을 해야 하는 이유는 감성지수가 높아야 수업에 집중력이 생기고, 하고자 하는 동기가 유발되어 학업 성취도가 높아지기 때문이다.

감성지수를 높여 주려면 아이와의 소통이 중요하다. 평상시에 원만한 관계 형성을 위해 대화를 자주 하고 고민도 들어주며 어려운 일이 생기면 적극적으로 해결해 주어야 한다. 그러면 아이가 마음을 열고 서로 소통하게 된다.

또한 아이의 자존감을 올려 주어야 한다. 아이의 자존감을 올려 주려면 말을 조심해야 한다. 아이들은 지시나 명령 또는 강요를 하면, 하고 싶은 의욕이 생기다가도 사라진다. 그래서 말을 할 때 한 번 더 생각해 보아야 한다. 아이들은 수치심을 주는 말을 들으면 굴욕감을 느껴 복수하고 싶은 마음이 생긴다고 한다. 그러므로 인정, 격려, 질문하는 말로 바꾸어야 한다. 인정하고 격려하며 질문하면 용기가 생겨 하고자 하는 의욕을 가지고 실천에 옮기게 된다. 부모나 교사들이 아이에게 용기를 주는 긍정의 언어로 말해야 아이의 자존감이 올라가 수업 효과도 높다.

다음으로 자기 학습 조절 능력을 키워 주어야 한다. 부모나 교사들의 일방적인 가르침으로는 잘 되지 않는다. 어린이집, 유치원, 학습지, 학원, 학교 선생님으로부터 늘 '하지 마라, 해라.' 등 지시를 받다 보니 스스로 하려는 마음을 먹지도 않는다. 더구나 스스로 했는데도 칭찬은 고사하고 어른들의 관점에서 볼 때 마음에 들지 않아 "이렇게밖에 못하니? 다시 해!"라는 명령만 돌아오니 스스로 하고자 하는 의욕이 싹트지 않는 것이다.

"잘못해도 좋아, 실수해도 좋아, 실수를 통해 배우는 거야." 하면서 스스로 하도록 격려해 주고 인정해 주면서 작은 성취감에서 큰 성취감을 맛볼 수 있도록 해 주어야 한다. 그래서 종국에는 자기 스스로 학습을 해 나갈 수 있는 능력을 길러 주어야 한다.

인성 수업을 해야 하는 이유는 지식적으로 뛰어난 아이로 만드는 데만 치중하는 어른들 때문에 아이들의 인성이 망가지고 있기 때문이다. 그래서 배려, 경청, 예의, 양보, 협동, 존중 등 도덕적 덕목을 수업 속에서 가르치면서 아이들의 몸에 습관이 되고 체화되어 바른 인성을 가진 사람으로 자라게 해야 한다. 바른 인성은 말로만 되는 것이 아니다. 몸으로 실천하는 것이다.

인성을 가르치는 부모와 주변 어른들이 행동에서 먼저 모범을 보여야 하는데 오히려 아이들의 거울이 되지 못하는 행동을 하는 어른이 많다. 부모나 교사는 아이들의 거울이다. 그러니 부모님의 인성이 좋으면 아이의 인성은 당연히 좋다. 아이의 인성은 아이가 만드는 것이 아니다. 사실 부모와 어른들에게 배우는 것이다.

하브루타를 알기 전의 필자는 다혈질의 성격이라 감정을 잘 조절하지 못하고, 말을 잘 듣지 않는 아이들을 혼내고, 인성이 좋지 못한 아이들을 이해하지 못했다. 그런데 수없이 상담 연수를 받고, 감정 코칭과 정서 교육은 물론 교육심리와 아동심리학, 하브루타와 버츄 프로젝트를 공부하면서 아이들을 보는 관점이 달라졌다.

필자 스스로 사랑과 감사한 마음을 갖게 되니 아이들이 무척 존엄하고 귀중한 존재로 보이기 시작했다. 그래서 감성지수와 인성지수를 동시에 올려 줄 수 있는 버츄 프로젝트를 인성 지도에 적용했다. 버츄 프로젝트는 감성과 인성지수를 동시에 올려 줄 수 있는 좋은 방법이다.

04
버츄
프로젝트란?

권영애 선생님의 책 『자존감, 효능감을 만드는 버츄 프로젝트 수업』을 읽고 필자가 그동안 너무나 큰 실수를 범했다는 것을 알게 되었다. '왜 안 될까?', '왜 떠들까?', '왜 못할까?', '왜 행동이 느릴까?', '왜 싸울까?', '왜 말을 안 들을까?' 등으로 생각하며 무조건 나의 관점에서 아이를 판단했다.

필자 스스로 인성지수를 올려야겠다고 다짐하면서 수업 시간에 아이들에게 적용해 보기로 했다. 먼저 '이 아이들은 정말 존엄한 존재야.', '이 아이들은 소중한 인격체야.', '이 아이들은 조물주가 만드신 걸작품이야.' 그러니 소중하게 대해야 해.'라고 생각하며 아이들을 바라보는 관점을 바꾸었다.

관점을 바꾸니 아이들이 다르게 보였다. 말썽꾸러기, 문제아, 골칫덩이가 아니라 너무 귀하고 소중하고 귀엽고 예쁘게 보였다. 필자가 아이들을 보는 눈이 달라지고 말투를 바꾸니 아이들도 조금씩 변화해 나갔다.

이후 버츄 프로젝트 연수도 다녀오고 실제 교육 현장에서 본격적으로 실천하기 시작했다. 버츄 프로젝트를 실천하면서 나 자신의 인성뿐 아니라 아이들의 인성이 점점 좋아지고 있음을 느끼고 있다. 자세한 실천 내용은 뒷부분에서 사례들을 통해 차근차근 설명할 것이다.

버츄(virtue)란 비르투스(virtus)라는 라틴어에서 온 단어로서 미덕, 선행, 장점을 의미한다. 1970년대에 캐나다의 정신과 치료사이자 지역 사회 운동가인 린다 캐빌린 포포프(Linda Kavelin Popov)가 개발하였고, 1988년에 완성하여 전 세계에 보급하기 시작하였다.

버츄를 개발하게 된 일화는 다음과 같다.

어느 날 포포프가 초등학교 1학년인 아들에게서 교실이 엉망이라는 말을 듣고 학교에 가 보았다. 교실이 난장판이고 무질서하였다. 문제가 있는 아이들과 상담할 필요가 있을 듯하여 담임 선생님에게 양해를 구하고 가장 심각한 아이 5명을 불러냈다.

"내가 너희를 특별한 곳으로 데려갈 거야."

"너희들은 아주 특별한 것을 배워 너희 반 친구들에게 가르치는 꼬마 선생님이 될 거야."

"인내, 자제, 존중을 가르쳐 줄 거야."

그렇게 말하는 중에도 한 아이는 창문을 타고 놀며 참여하지 않았다. 그래도 제어하지 않았다. 아이들에게 '동상 놀이(얼음 땡 놀이)'를 하며 3

가지를 가르쳤다.

"말하고 싶으면 입을 가리고 손을 들어 봐."

"이게 바로 나에 대한 존중이야."

창문에 매달려 참여하지 않던 아이가 그 말을 듣는 순간 자기를 돌아보았다. 포포프는 그 순간을 포착하고 말했다.

"○○이가 나를 바라봤어. 저런 행동이 바로 나를 존중해 주는 거야."

다음 날에는 건포도로 감사, 배려 글자를 만든 다음에 뜻을 알려 주고 먹기 놀이를 하는 등 한 달 동안 3가지 미덕을 가르쳤다.

한 달 후, 교실에 가서 반 전체 아이들에게 5명의 아이를 소개하였다.

"애들아, 오늘 특별한 것을 배울 거야. 이 친구들이 모르는 것을 가르쳐 줄 거야."

이렇게 해서 문제의 5명이 다른 친구들에게 미덕을 가르쳐 주고 반 전체 아이들이 알고 실천하게 되자 교실이 완전히 바뀌었다. 이후 학교 전체가 바뀌게 되었다.

그 후로 점점 세계로 확산되었다. 이 프로그램은 미국과 유엔에서 인정한 인성 교육 프로그램이 되어, 현재 120개국에서 실시하고 있다. 우리나라에는 한국버츄프로젝트 김영경 대표가 들여와 보급한 지 15년이 되었다.

버츄 프로젝트는 초등학생뿐만 아니라 어른에게도 적용할 수 있다. 미덕은 모든 인간의 마음속에 잠자고 있는데, 이를 잘 깨우는 사람은 인성지수와 감성지수가 높고 정서적 금수저이며, 이를 깨우지 못하는 사람은 인성지수가 낮고 정서적 흙수저이다.

필자는 52개의 미덕에 수업 시간에 가장 필요한 몰입과 경청, 자신감을 추가하여 활용하고 있다.

권영애 선생님은 앞의 책에서 아이가 무엇을 잘못했을 경우 다음과 같이 말하면 된다고 한다.

"○○야! ~하는 것은 네 미덕이 자고 있어서 그래."

"미덕을 깨우면 돼."

"어떤 미덕을 깨우면 될까?"

이런 식으로 말하면 아이가 스스로 생각하고 판단하고 행동에 옮기게 된다. 즉 마음속에 잠자고 있던 미덕을 스스로 깨우는 것이다.

데이비드 호킨스 박사의 책『의식혁명』에 의하면, 용기나 격려는 긍정 의식으로 전환하는 힘을 주는 말로서 자기 스스로 내면을 깨우는 힘이 있다. 그래서 용기나 격려를 받으면 아이는 내면에 잠자고 있던 자기의 미덕을 스스로 깨우게 된다.

그런데 대부분의 어른은 아이가 잘못했을 경우 아이를 고치고자 하는 사명감으로 다음과 같이 말한다.

"○○야, 바로 앉아야지."

"친구들을 방해하면 안 되지."

"남을 배려해야지."

"넌 항상 왜 그래?"

"장난치지 말라고 했지?"

이런 말은 부정의식으로 아이들에게 상처만 주고 수치심과 굴욕감을 느끼게 해서 스스로 내면을 깨우지 못하고 더 반항하게 만든다. 부모나 교육자들은 이를 명심하고 아이들에게 말할 때 한 번 더 생각해 보고 늘 격려하는 말과 용기를 주는 말을 하도록 노력해야 한다.

권영애 선생님은 앞의 책에서 아이들이 잘했을 경우에는 다음과 같이 칭찬해 준다고 한다.

"○○가 배려의 미덕을 깨웠구나!"

"○○미덕이 반짝이네."

"넌 보석천사야!"

"우리 반 보석친구들아!"

이런 말을 해 주면 아이들은 행동을 잘하기 위해 더욱 노력하는 모습을 보인다. 버츄 프로젝트 인성 교육 프로그램은 자신의 행동이나 능력을 일깨우는, 보이지 않지만 엄청난 힘을 가지고 있다. 마치 인성과 지성을 담당하는 전두엽에 자신을 스스로 다스릴 수 있도록 영양제를 투여하는 것과 같다.

05
버츄에는
어떤 에너지가 있을까?

　버츄는 바른 정신을 길러 주고 바른 행동을 하게 하는 철학으로 그 기저에는 사랑 에너지가 있다. 버츄 프로젝트를 감성과 인성 교육에 활용하려면 어른에게서 사랑 에너지가 흘러나와 아이들에게 전달되어야 한다. 그러려면 우선 어른 자신이 행복해야 한다. 어른이 행복하려면 가정이 행복해야 한다. 그래야 그 행복이 아이들에게 흘러가게 된다. 비로소 아이가 존엄한 존재, 소중한 인격체로 보이게 된다.

　아이는 어른이 가르쳐야 할 가르침의 대상이 아니라 아이를 통해 어른도 배운다고 생각하며 접근해야 한다. 그리고 긍정에 초점을 두고 아이를 씨앗으로 생각하고 성장하는 인격체, 자발적인 내적 성장을 하는 고

귀한 존재로 생각해야 한다.

교사와 아동과의 관계를 수직 관계나 지시자가 아니라 수평 관계, 안내자, 도움자로 보아야 한다. 벌이나 칭찬 등 외적 동기를 강화하는 것보다 자발성이 강한 내적 동기를 강화시키는 인성 교육관으로 바꾸어야 효과를 거둘 수 있다.

인간의 행동이나 습관을 바꾸려면 자기 스스로 바꾸려는 의지가 가장 중요하다. 아무리 좋은 프로그램이 있어도 아이 스스로 바꾸려는 의지가 없으면 빛 좋은 개살구이다. 명령, 지시, 강요(명·지·강)가 아니라 인정, 격려, 질문(인·격·질)을 해서 자기 스스로 조절해 나가는 능력을 길러 주는 것이 교사와 부모의 역할이다.

아이에게 자기 자신이 가장 소중한 존재라는 자존감을 높여 주고, 무슨 일이든지 잘할 수 있다는 자신감을 심어 주면 아이의 자기효능감이 올라가 아이 스스로 행동이나 습관을 바꿀 의지를 갖게 된다. 52가지 미덕에는 강한 긍정과 사랑의 빛 에너지가 있다.

06
버츄를 활용한
인성 지도

한국버츄프로젝트 워크숍 교재에 의하면 우리 마음속에는 52개 미덕이 잠자고 있다고 한다. 마음속에 잠자고 있는 미덕이 무엇인지 마음광산을 보여 주며 광산의 돌 속에 원석이 박혀 있듯이 우리의 마음속에도 잠자고 있는 보석이 있음을 지도한다. 이 보석을 깨운다는 것은 나를 사랑하고, 나를 존중하고 나의 행동과 언어로 보여 주는 것이라는 걸 강조한다.

미덕 책받침으로 52가지 미덕을 읽게 한다. 이때 내용의 뜻을 강제로 외우게 할 필요는 없다. 매일 조금씩 알아 가면 된다. 여러 가지 활동을 통해서 한 가지씩 알아 가면 부담도 안 되고, 유치원생이나 초등 1, 2학년

생 모두에게 적용할 수 있다. 최근에는 유치원에서도 적용하는 곳이 많이 늘어나고 있다. 아이의 연령에 맞게 미덕의 종류를 줄여서 실시하면 된다.

52가지 미덕 카드에는 미덕의 뜻이 나와 있고 어떻게 지켜야 하는지 소개되어 있다. 이 카드를 활용할 수 있는 예를 들어 보면 다음과 같다.

미덕 카드를 매일 한 가지씩 아침 자습 시간에 읽고 마음에 드는 한 문장만 미덕 공책에 쓰게 한다. 아침마다 다른 미덕을 선택해서 읽고 쓰면 저절로 낱말의 의미를 익히게 된다. 뜻을 외우라고 강요하면 부작용이 생겨서 안 된다. 절대로 강요해서 외우게 하면 안 된다. 한 가지씩 체험하면서 알아 가면 된다.

다양하게 미덕 찾기를 해 본다. 매일 아침 수업하기 전에 여러 가지 그림이나 사진을 보여 주며 어떤 미덕이 빛나는지 찾아보고 어떤 미덕을 깨워야 하는지 찾아본다. 먼저 나에게는 어떤 미덕이 빛나는지 어떤 미덕을 깨워야 하는지 찾아보고, 우리 가족에게는 어떤 미덕이 다이아몬드로 빛나고 어떤 미덕을 깨우면 좋을지 찾아본다. 그리고 우리 반 친구들에게서 빛나고 있는 미덕과 깨워야 할 미덕이 무엇인지 찾아본다.

그리고 미덕의 울타리를 친다. 이 울타리는 지켜야 할 규칙이라고 생각하면 이해하기가 쉽다.

"애들아, 행복한 수업을 위해 어떤 미덕의 울타리를 쳐야 할까?"

"예의요."

"왜 예의 미덕을 울타리로 쳐야 할까?"

"수업할 때 선생님과 친구 간에 예의를 지켜야 행복한 수업이 되기 때문이에요."

이런 식으로 서너 개의 미덕 울타리를 학생들 스스로 찾아서 발표하게 한 후 칠판에 적어 두고 수업을 시작한다.

필자의 수업에서는 아이가 세 번 "○○야, 무슨 미덕을 깨워야 할까?" 라는 질문을 받고 대답을 하면 미덕의 울타리를 넘어간 것으로 규칙을 정했다. 울타리를 넘어가면 자신의 미덕을 깨우지 않은 것이므로 미덕 카드를 읽고 스스로 미덕을 깨우게 한다. 스스로 약속한 것을 지키지 않았기 때문에 자신을 되돌아보게 하는 것이다. 이러한 규칙을 처음 시작할 때 확실하게 인지시키고 강조해야 한다.

새 학년을 시작하는 3월 초에 아이들을 처음 만나면 일 년간 지켜 나갈 미덕을 정해 울타리를 친다. 그리고 현장 체험 학습, 공개 수업 등 큰 행사를 앞두고 아이들이 스스로 찾아서 미덕 울타리를 치도록 한다. 그렇게 하면 보석이 더욱 반짝반짝 빛나는 반이 될 수 있다.

필자는 현재 담임을 맡고 있지 않아서 수업을 시작하기 전에만 미덕 울타리를 치고 시작한다. 이렇게 하니 장난이 심한 개구쟁이 1, 2학년 아이들도 한두 번 말을 듣고 나면 스스로 행동을 통제하고 바르게 하려고 노력했다. 5, 6학년 아이들은 더 잘 지킨다. 왜냐하면 비난하는 말을 하지 않고 지적하지 않고 자신을 존중해 주고 꾸중하지 않기 때문이다. 혹시 미덕을 못 깨워서 미덕 카드를 읽은 친구는 다음부터는 스스로 자기 행동을 조절하는 모습을 보여 버츄의 힘을 다시 느끼기도 하였다.

무엇보다 교사가 감정 조절이 되어서 좋다. 문제가 되는 아이를 지도할 때 교사의 기준인 어른 마음을 내려놓고 크게 숨을 쉰 후 '그래, 이 아이의 미덕이 자고 있어서 그렇지.'라고 마음을 다잡으며, "○○야, 무슨 미덕을 깨우면 될까?" 하고 나지막하게 말한다. 이렇게 하면 화를 낼 필요가 없다. 그러니 아이들도 좋아할 수밖에 없다. 자기들을 존중해 주고 격려해 주며 늘 긍정의 말로 에너지를 주기 때문이다. 그래서 아이들은 필자의 수업 시간을 재미있어 하고, 쉬는 시간이나 점심 시간에 만나면 "보석선생님, 안녕하세요?" 하고 인사하며 하이파이브를 한다.

　필자가 근무하는 학교는 인성 교육 브랜드로 버츄 프로젝트를 선정하였다. 2월 말에 권영애 선생님의 책 『자존감, 효능감을 만드는 버츄 프로젝트 수업』과 미덕의 보석들 배너, 버츄 카드, 미덕 책받침 등을 일괄 구입해서 전교적으로 실천하고 있다. 작년보다 올해 아이들의 행동이 많이 나아졌다. 한 학기가 지나갔는데 아직 한 번도 학교폭력이 일어나지 않았다. 이것만 해도 큰 수확이다.

　버츄를 적용하는 담임 선생님들은 아이들이 말을 더 잘 들어서 자신이 화를 덜 내게 되어 좋다고 한다. 학부모 중에서도 좋은 방법으로 인성 지도를 해 주셔서 감사하다고 장문의 쪽지를 주시거나 말씀을 전해 주시는 분들이 계신다. 이런 말을 들을 때 마음 깊은 곳에서 감동이 밀려온다.

07
버츄를 활용한
생활 지도

버츄는 인성 지도, 상담, 수업 중 감성 지도 등 다양하게 적용할 수 있다. 상황에 따라 적용하면 된다. 다음 사례들은 수업을 할 때 버츄 프로젝트를 활용하여 아이들을 지도한 사례이다.

산만한 아이를 버츄로 집중시키다

1학년 첫 수업 시간!
첫 시간은 보통 선생님이 어떤 사람인가 탐색하고 관망하는 시간이라

호기심을 가지고 조용히 바라보는데 이 반은 좀 달랐다.

"사랑에 굶주려 있어요."

"관심 받고 싶어요."

마치 절규하는 것처럼 보였다. 관심 달라는 아우성, 튀는 말과 거친 행동으로 보여 주는 아이가 눈에 띄었다. 길동(가명)이라는 아이는 정말로 나를 시험하는 것 같았다.

날 보자마자 이상한 소리를 해대며 섰다 앉았다, 물건을 떨어뜨리고, 책상을 엎고, 물건을 줍기도 하고, 왔다 갔다 하며 잠시도 가만히 있지 않았다. 잘하는 기미가 보여야 미덕을 줄 텐데 어찌하나 고민하던 차에 드디어 기회가 왔다.

버츄에 대해 가르치며 영상 자료를 보여 주는 시간이었다. 영상을 보여 주자마자 길동이가 집중해서 바라보았다. 그 순간을 놓치지 않고 포착하여 말했다.

"우와! 길동이한테 경청의 미덕이 반짝반짝 빛나네."

그러자 산만함이 조금 줄어들었다.

버츄 배너를 쫙 펼치며 말했다.

"얘들아, 이 많은 미덕이 우리 마음속에 잠자고 있는 거야."

그랬더니 길동이가 하던 행동을 멈추고 바라보았다. 또 순간을 놓치지 않았다.

"와! 우리 길동이가 친구를 배려하는 미덕이 보석처럼 빛나는구나."

이제 눈에 띄게 산만함이 줄었다.

그래서 1시간을 무사히 마친 뒤에 반 아이들을 칭찬하며 수업을 마무리했다.

"우리 ○반 모든 친구에게 열정과 배려의 미덕을 드리겠습니다."

나중에 담임선생님께 알아보니 길동이는 게임을 많이 하는 아이였다.

이후에도 길동이에게 지속적으로 사랑과 관심을 주며 미덕을 스스로 깨우도록 질문해 주며 수업을 하니 아이가 나에게 마음을 열고 라포가 형성되어 행복한 수업을 할 수 있게 되었다. 긍정과 격려의 말이 아이의 내면을 변화시키는 것을 확인할 수 있었다.

2학년이 된 지금도 길동이는 학교에서 나를 만나면 "보석선생님, 안녕하세요?" 하고 달려와서 인사를 한다. 내가 사랑 에너지를 보내니 아이가 그 사랑 에너지를 받아 다시 나에게 돌려보내 준 것이다.

두 아이가 서로 다투었을 때 버츄를 활용하다

문제를 일으킨 두 아이를 앞으로 불렀다.

"두 명 다 속이 많이 상하겠구나."

화가 가라앉도록 잠시 침묵으로 기다려 주었다. 그 뒤에 마음을 비우도록 하는 질문을 했다.

"지금 둘 다 무척 힘들지?"

"지금 무엇이 가장 힘드니?"

질문 후에는 오감 반응을 살피고 어떤 상황인지 마음을 읽어 주었다.

"지금 주먹을 불끈 쥐고 있는 걸 보니 많이 화가 났나 보구나."

그러고는 다음과 같이 말하며 진정될 때까지 기다렸다.

"그런데 싸운 것은 너의 미덕이 잠자고 있어서 그렇단다."

진정이 되자 버츄 카드를 주고 카드 한 장을 뽑게 했다.

"지금 어떤 미덕을 깨워야 할까?"

"너에게 필요한 미덕이 무엇이라고 생각하니?"

내용을 읽어 보게 한 뒤 어떤 생각이 드는지 질문했다.

"어떤 미덕이 너에게 도움을 줄 수 있을까?"

"어떤 미덕을 깨우면 화가 가라앉을까?"

"어떤 미덕을 깨우면 친구를 용서해 줄 수 있을까?"

질문을 하고 나서 대답할 때까지 기다렸다. 화가 다 풀린 것 같을 때 서로 화해시키고 칭찬의 말을 해 주었다.

"필요한 보석을 깨워 반짝반짝 빛나는 다이아몬드로 만들어 보자꾸나."

이렇게 대화를 하면 대부분의 아이에게서 흥분된 마음이 가라앉고 나빴던 기분이 좋아지며 상대방을 용서하는 사랑 에너지가 나오게 된다.

분노 조절이 안 되는 아이에게 버츄를 활용하다

2학년 중에 분노 조절을 잘하지 못하는 아이가 있었다. 이 아이는 성격이 급하고 다혈질이었다. 평소에 잘하다가도 자기 마음에 들지 않거나 자기 생각대로 안 되면 폭력적으로 변했다. 사랑이 부족한 듯했다. 뭔가 결핍된 아이처럼 보였다.

아이가 화를 내는 상황까지 가지 않기 위해서 수업을 시작할 때 미리 사랑 에너지를 듬뿍 보내 주었다. 칭찬거리를 찾아서 미덕을 보석으로 바꾸어 아낌없이 건넸다. 다른 아이들보다 먼저 발표를 시켜 아이를 인정해 주고 관심을 주었다.

분노를 조절할 수 있도록 감성지수를 높여 주고 수업을 시작했다. 그렇게 하니 수업이 성공적이었다. 이렇게 한 학기 동안 하고 나니 아이에게 자기 조절 능력이 조금씩 생기는 것 같았다. 학기말에는 나를 너무도 잘 따랐고 수업에도 적극적이었다.

비법은 간단했다. 내가 변하니까 아이도 변했다. 아이에게는 존재감을 인정해 주고 지속적인 관심과 사랑을 주는 것이 보약이다. 말 한마디면 된다.

"○○야, 무슨 미덕을 깨우면 될까?"

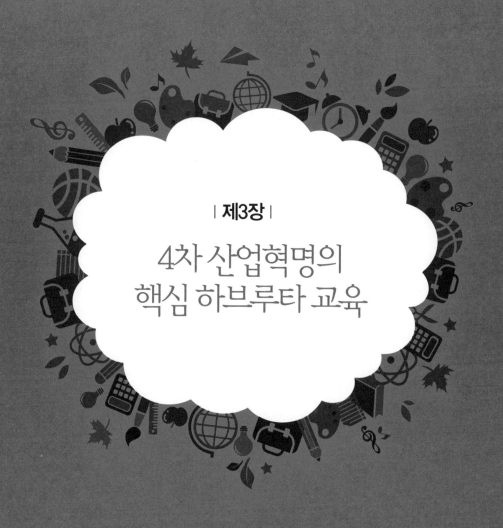

| 제3장 |

4차 산업혁명의
핵심 하브루타 교육

01
아이에게 보약이 되는 질문
vs 독이 되는 질문

아이들이 성장하는 데 보약이 되는 질문이 있고 독이 되는 질문이 있다. 먼저 보약이 되는 질문은 무엇일까? 아이들의 재능을 살려 주기 위해서는 지시나 명령보다는 질문을 해서 내면을 깨워 동기가 생기도록 해 주어야 한다.

송진욱, 신민섭 교수는 『부모의 질문법』에서 아이들의 재능을 찾아 주는 질문법을 소개했다.

보약이 되는 질문

소질을 계발하는 질문

"아이가 좋아하는 것이 무엇일까?", "아이가 잘하는 것이 무엇일까?"
같은 질문은 아이의 능력에 기준을 둔 질문이기 때문에 재능을 발견하고
키워 나가는 데 그다지 도움이 되지 못한다.

김연아의 어머니는 딸이 스케이트를 타며 얼음판에 쓰러지는 모습이
가슴 아파 그만두게 하고 발레 학원에 보냈다. 그랬더니 아이가 발레 학
원에 가기 싫다고 매일 투정을 부려서 몇 달을 못 다니고 그만두었다. 그
래서 바이올린을 배우게 했더니 이번에도 역시 마찬가지로 끌려다니다
가 결국 그만두었다.

엄마가 딸에게 물었다.

"너는 어떤 것을 좋아하니? 무엇에 관심이 많니?"

딸은 스케이트를 좋아한다고 하였다. 그래서 다시 스케이트를 시작하
였더니 아이는 마치 물고기가 물을 만난 것같이 신나게 얼음판 위를 질
주했다.

이처럼 우리는 아이가 좋아하는 것이 무엇인지 질문을 던지고 그것을
찾아 주어야 재능을 기를 수 있다.

생각숲을 가꾸어 주는 질문

"너의 생각은 뭐니? 왜 그렇게 생각하니?"

이 질문은 유대인들이 아이들에게 가장 많이 하는 질문이다. "마따호

셰프(너의 생각은 뭐니)?"라는 질문은 아이들을 더 깊이 생각하고 더 다양하게 생각하도록 하는 힘을 가지고 있다. 이 질문은 아이들을 스스로 생각하게 만든다. 그래서 창의성이 자라게 된다. 자라는 아이들에게는 이 질문을 많이 해야 한다.

이 질문은 아이가 궁금해서 어른에게 질문할 때 다시 되물으며 하면 좋다. "너는 어떻게 생각하니?" 하고 물으면 아이가 호기심에 가득 차서 질문했기 때문에 스스로 생각해 보고 자기의 생각을 말하게 된다. 궁금하기 때문에 어떻게 해서든지 알려고 한다. 그래서 효과적이다.

수업 시간에 아이가 몰라서 질문을 할 때가 있다. 이때도 바로 답을 알려 주지 말고 "너는 어떻게 생각하니? 네 생각은 뭐니?" 또는 다른 아이들에게 "누구 대답해 줄 친구 없니?" 하면서 아이들이 생각해서 답을 말하도록 유도하는 것이 좋다.

좌절하지 않고 노력하게 하는 질문

"이 상황에서 김연아라면 어떻게 했을까?"

"이렇게 힘들 때 박지성이라면 어떻게 극복했을까?"

어떤 어려운 일에 부딪쳤을 때 좌절을 극복한 유명선수나 연예인들의 에피소드를 알고 있는 경우, 이런 질문을 하면 아이는 깊이 생각해 보고 스스로 헤쳐 나가게 된다. 스케이트를 몇 달 배우고 단계가 높아져서 힘드니까 그만 포기하려고 할 때 "이럴 때 만약에 김연아라면 어떻게 극복했을까?", 축구선수가 된다고 열심히 몇 달 하다가 훈련이 힘들어서 그만두려고 할 때 "이럴 때 박지성이었다면 어떻게 했을까?" 하면서 스스로를 되돌아보고 다시 힘을 얻을 수 있도록 격려해 주면 힘든 고비를 극복하고 한 단계 더 올라설 수 있게 된다.

아이가 실수나 실패를 했을 때도 "실패는 작은 성공이라고 한다. 지금의 실수나 실패에서 배울 수 있는 교훈은 뭘까?"와 같은 질문을 하면서 위로해 준다. 실패해도 좌절하지 않고, 실수해도 부끄러워하거나 수치심을 느끼지 않도록 격려해 주고 자신감을 주어야 한다. "실패는 성공의 어머니다."와 같은 말을 해 주면 아이는 힘과 용기를 얻어 다시 도전할 수 있게 된다.

문제 해결 능력을 길러 주는 질문

"어떻게 하면 좋을까? 어떤 방법으로 해결하면 좋을까?"

우리나라 부모들은 문제가 생기면 자신이 나서서 해결해 준다. 그러다 보니 아이들은 계속적으로 부모를 의지하게 되고 습관이 되면 어른이 되어서도 자기 앞길을 스스로 헤쳐 나가지 못하고 계속 부모의 품을 벗어나지 못하게 된다.

유대인은 어릴 때부터 자립심을 심어 주는 교육을 한다. 아침에 일어날 때도 한 번 깨우면 그만이다. 안 일어나면 지각해서 혼이 나든 말든 그냥 둔다. 한 번 혼나 보면 그 다음부터는 알아서 잘 일어나게 된다는 것이다. 그래서 아이들에게 가혹하리만큼 엄격하게 규칙을 지키게 하거나 습관이 배도록 교육을 해서 자립심을 키워 준다.

학교에서 공부를 할 때도 마찬가지이다. 학습 문제에 관한 질문을 던지고 "이 문제를 어떻게 해결하면 좋겠니?" 하고 아이들에게 맡겨 스스로 또는 친구들끼리 해결해 나가도록 해야 한다. 계속 그런 방법으로 공부하다 보면 나중에는 교사에게 의지하지 않고 자기들끼리 해결해 나가는 것이 당연하다고 생각하게 된다.

아직까지는 아이들이 주입식 교육에 젖어 있어서 교사에게 의지하려는 생각을 바꾸려면 시간이 조금 걸릴 것이다. 그것을 못 기다리고 다시 친절한 이유식을 주는 교육으로 돌아가서는 안 된다. 교사가 조력자, 안내자, 촉진자의 역할을 충실히 해 나가다 보면 아이들 스스로 문제를 해결하는 능력을 키울 수 있게 된다.

가정에서 교육할 때도 마찬가지이다. 형과 동생이 싸웠을 때 서로 싸우지 않고 사이좋게 지낼 수 있는 방법 5가지를 찾아보게 한다. 그러고 나서 직접 서로 화해하게 한다.

특히 많이 부딪치게 되는 휴대폰 사용 문제에서도 부모가 무조건 하지 말라고 잔소리를 하기보다 "휴대폰을 스스로 통제할 수 있는 방법 5가지를 찾아보고 실천해 보자." 등 스스로 생각하고 통제할 수 있는 방법을 찾도록 하면 문제 해결 능력이 조금씩 길러질 것이다.

행복지수를 올려 주는 질문

"오늘 행복한 일은 무엇이니?"

이 질문은 삶에서 아주 중요하다.

우리 아이들에게 행복지수를 올려 주는 질문은 다음과 같다.

"오늘 감사한 것은 뭐니?", "오늘 행복한 일은 무엇이니?"

이 질문을 하루에 한 번씩 하고 찾아보게 하면 생각이 달라진다. 생각이 달라지면 마음이 달라지고 마음이 달라지면 말과 행동이 달라진다. 사소한 것에 감사하고 일상에 감사하고 그럼에도 불구하고 감사함을 느끼게 되는 사람은 행복지수가 저절로 높아지게 된다.

학교에서는 수업을 시작하기 전에 오늘 아침에 감사한 일을 짝과 함께 나누고 나서 수업을 시작한다. 그러면 저절로 마음 문이 열리고 공부를 하려는 학습 동기가 올라가며 행복한 마음으로 공부를 하게 된다. 수업을 마치고 하교하기 전에 5감사를 찾아 짝에게 서로 말해 주기를 해서 행복한 마음으로 집에 돌아가게 한다.

집에서는 부모와 자녀들이 함께 저녁시간에 각자 돌아가며 5감사를 나누고 잠자리에 들면 세로토닌이라는 행복물질이 분비되어 잠도 잘 오고 숙면을 취하게 된다.

오늘 아침에 감사한 것들을 찾아보자.
-아침에 눈을 뜨게 되어 감사하다.
-단잠을 자서 감사하다.
-오늘도 건강한 몸으로 하루를 시작하게 되어 감사하다.
-비가 오는 아침이면 비가 내려 식물이 웃으니 감사하다.
-해가 나는 아침이면 밝은 햇살을 주어서 감사하다.

잠자기 전에 감사한 것들을 찾아보자.
-오늘 하루 학교에서 아이들이 아무 일 없이 지나가서 감사하다.
-우리 아이들이 아무 말썽을 피우지 않고 친구를 배려하는 미덕을 깨

워 주어서 감사하다.

-아이들이 수업 시간에 그림책을 읽어 줄 때 모두가 귀를 쫑긋하며 잘
듣는 경청의 미덕이 다이아몬드처럼 빛나서 감사하다.

-아이들이 질문 만들기를 하는데 생각보다 잘 만들어서 감사하다.

-나의 가족에게 별일이 일어나지 않아서 감사하다.

-퇴근하고 와서도 피곤함을 느끼지 않아서 감사하다.

이렇게 사소한 것에서 감사를 찾다 보면 늘 마음이 행복하고 즐겁게
생활할 수가 있다. 초긍정적으로 행복한 마음으로 살아가면 마음이 행복
해서 엔돌핀, 세로토닌, 다이돌핀 등 행복 호르몬이 나와 면역력이 올라
가고 아이들은 집중력이 높아져서 학습 능률이 더 오른다는 연구 결과도
있다.

독이 되는 질문

"그럼 그렇지. 네가 어째 잘하겠니?"

이런 식으로 비난하거나 수치심을 주는 질문, 다그치며 묻는 "왜?"라
는 질문은 아이를 잔인하게 만들고 복수심이 생기게 부추긴다. 아이에게
독을 부어 주는 것이다. 아이를 비난하고 질책하는 질문은 아이에게 죄
책감, 수치심을 느끼게 하여 자신감을 잃게 한다.

비난하는 말을 들으면 아이 뇌의 기억저장소인 해마는 심한 스트레스

로 집중이 안 되고 불안하여 학습 효과가 떨어지게 되고 성취동기도 낮
아지게 된다. 그리고 아이의 마음에 상처만 남겨 독이 되기 때문에 이런
질문은 하지 않는 것이 좋다. 이런 상황이 왔을 때는 깊이 생각해 보고 다
른 질문으로 바꾸어 말해야 아이가 상처를 입지 않는다.

- "형과 왜 싸웠니?" → "형과 다투었구나. 속이 많이 상했겠구나. 어떤
  일이 있었는지 말해 보렴."

- "이렇게밖에 못했어?" → "완성한다고 수고 많았구나. 조금만 더 열
  정 미덕을 깨워 볼래?"

- "너 동생에게 왜 그렇게 말했어?" → "동생이 널 속상하게 했구나. 동
  생이 뭐라고 말해서 속상한 거야?"

- "왜 학교 지각했니?" → "아침에 무슨 일이 있었구나. 급하게 온다고
  힘들었지?"

- "친구한테 왜 그랬어?" → "친구랑 다투었구나. 무슨 일이 있었는지
  말해 줄래?"

아이에게 비난하거나 질책하기 위한 "왜?" 질문을 버리고, 탐색하고
탐구하기 위한 "왜 그렇게 생각해?"라는 질문을 많이 하자.

아이에게 보약이 되는 질문

소질을 계발하는 질문
"너는 어떤 것을 좋아하니?"
"무엇에 관심이 많니?

사고력과 생각숲을 가꾸어 주는 질문
"너의 생각은 뭐니?"
"왜 그렇게 생각하니?"
"네가 설명해 볼래?"

좌절하지 않고 노력하게 하는 질문
"이 상황에서 김연아라면 어떻게 했을까?"
"이렇게 힘들 때 박지성이라면 어떻게 극복했을까?"

문제 해결 능력을 길러 주는 질문
"어떻게 하면 좋을까?"
"어떤 방법으로 하면 해결될까?"
"좋은 방법이 없을까?"

행복지수를 올려 주는 질문
"오늘 감사한 것이 뭐니?"
"오늘 가장 즐거웠던 일은 뭐니?"

아이에게 독이 되는 질문

"왜 형과 싸웠니?"

"이렇게밖에 못했어?"

"동생에게 왜 그랬어?"

"왜 학교 지각했니?"

"친구한테 왜 그랬어?"

"이럴 줄 알았다. 이것도 못하니?"

"또 틀렸어? 덤벙댈 때 알아봤지."

02
질문 교육이
필요한 시대

21세기는 인공지능 시대이다. 인공지능은 컴퓨터로 만든 지능으로 데이터를 이용하는 기술이다. 데이터는 인공지능을 돌리는 연료라고 생각하면 이해가 쉬울 것이다. 이제는 답을 찾거나 지식을 찾는 것은 인공지능에게 질문하면 된다.

영국 출신의 스티븐 울프람이라는 천재 물리학자는 만능 지식 엔진, 즉 앤서 엔진(answer engine) 울프람 알파를 개발하였다. 이 응답형 엔진은 세상 모든 질문에 대한 답을 알려 준다. 미적분을 푸는 데 몇 초면 된다. 초밥을 만드는 방법을 질문하면 바로 나온다. 질문을 입력하면 순식간에 답을 알려 준다. 더욱 놀라운 것은 이 앱을 구입하는 데 우리 돈으로 단돈 3,000원이면 된다.

기존의 검색 엔진은 다른 사이트를 연결해 주는데 이 앱은 바로 답을 정리해서 보여 준다. 이제는 얼마나 좋은 질문을 만들 수 있느냐가 관건인 시대이다. 그러므로 답을 찾는 공부, 단편적인 지식을 외우는 공부는 그만해야 한다. 지식을 활용하는 질문을 만들 수 있어야 한다.

폴김 교수는 학생들을 평가할 때 질문 만드는 것으로 한다고 한다. 질문을 만드는 수준을 보면 그 사람의 학업 성취도를 알 수 있다는 것이다. 예를 들면, 책 한 권을 읽고 질문 3개를 만들어 오게 한다. 그러면 학생들은 책을 읽고 내용을 파악해서 질문을 만든다. 수준 높은 질문을 하려면 다른 책도 읽어야 한다. 그래서 공부를 스스로 하게 된다. 그러므로 질문만으로도 학점을 매길 수 있는 것이다.

서울대학교 이혜정 교수는 책을 읽고 질문을 만들어 올 때 책이나 검색 엔진에 답이 안 나오는 것으로 해 오게 한다. 그랬더니 학생들이 "교수님, 진짜 공부가 많이 되었어요. 정말 좋은 공부 방법이에요."라고 말했다고 한다.

한양대 김창경 교수는 EBS 「미래강연 Q」에서 위대한 질문을 만드는 사람이 21세기를 이끌어 갈 수 있다고 강조했다.

창의적인 질문을 하는가? 위대한 질문을 하는가? 이것이 중요한 시대가 된 것이다. 이제는 질문 교육이 필수인 시대이다. 따라서 이제는 우리 초·중등 교실도, 대학의 강의실도 바뀌어야 한다.

검색 엔진에 답이 나오지 않는 질문은 울프람 알파 때문에 이제는 어렵겠지만 최대한 창의적인 질문을 만들 수 있도록 가르쳐야 한다. 내용을 알지 못하면 질문을 만들 수가 없으므로 질문을 만들려면 일단 책을 읽어야 한다. 그렇게 되면 공부해야 하는 내용에 대해 교사가 굳이 설명해 주거나 강의할 필요가 없다. 이처럼 스스로 공부하도록 하는 방법 중 가장 좋은 것이 질문 만들기 수업이다.

초등학교에서도 가능한 일이다. 역사나 사회 등 지식으로 갖춰야 하는 내용을 집에서나 아침 자습 시간에 질문 만들기를 하게 한다. 질문 만들기를 하다 보면 관련 지식은 저절로 쌓이게 된다. 수업 시간에 만들어 온 질문으로 친구들끼리 서로 질문 놀이를 하면서 주고받게 한다. 교사는 마지막에 정리만 해 주면 된다.

03
하브루타의
원리

하브루타는 유대인의 전통적인 학습 방법으로 짝을 지어 질문하고 대화하고 토론하고 논쟁하면서 사고력과 창의력을 키워 가는 교육 방법이다. 하브루타에는 기본 철학이 있고 핵심 원리가 있다. 기본 철학은 '말은 생각을 해야만 할 수 있고, 말이 생각을 부르고, 생각이 생각을 부른다.'는 것이다.

전성수 교수의 『부모라면 유대인처럼 하브루타로 교육하라』에는 하브루타에 적용될 수 있는 기본 원리들을 다음과 같이 제시했다.

-하브루타는 질문이 핵심이다. 아이에게 지시나 요구, 설명하기보다 질문을 많이 한다.

-아이가 틀린 답을 해도 정답을 알려 주지 말고 다시 질문으로 답한다.

-하브루타하기 전에 충분히 내용에 대해 알게 한다.

-뭔가를 외우고 알게 하는 것보다 아이의 뇌를 자극해 사고력을 높이는 것을 목적으로 한다.

-질문하고 대화할 때는 아이에게 집중해서 그 눈을 보고, 그 어떤 대답도 막지 않고 수용한다.

-아이의 대답에서 구체적인 근거를 들어 칭찬한다.

-아이가 모르는 것은 책을 다시 보거나 인터넷을 검색하는 등 스스로 찾아보게 한다.

-한 내용을 깊이 있고 길게 하브루타하는 것이 좋다.

-다소 어려운 내용도 쉬운 용어로 질문하여 아이에게 생각하게 하는 것이 좋다.

-모든 일상 속에서 하브루타를 하되 하브루타하는 시간을 정해서 정기적으로 한다.

-잠자기 전이 하브루타하기에 가장 좋은 시간이다.

-어린아이라도 쟁점을 만들어 토론과 논쟁으로 끌고 가는 것이 뇌를 계발하는 방법이다.

-꼭 가르쳐야 하는 원칙이나 가치관은 대화를 통해 분명하게 인지하게 한다.

-아이가 생각하고 판단하고 결정하고 행동하게 한다.

-아이가 스스로 생각하게 한다.

-아이에게 최대한 질문을 많이 한다.

-남과 다르게 생각하고 대답하게 한다.

-아이의 말에 구체적인 근거를 들어 칭찬을 해 준다.

-'네 생각은 어때?', '왜 그렇게 생각하니?'라고 묻는다.

하브루타 규칙

-상대방의 말을 경청한다. 경청할 때 눈으로는 상대방을 바라보고, 귀로는 듣고, 마음으로는 공감하며, 머리로는 생각하며 듣는다.

-좋은 생각을 말하면 '아하, 그렇구나!' 엄지척하며 공감해 준다. 공감은 서로의 마음을 열게 하며 감성을 높여 주어 학습이 더 재미있게 된다.

-궁금할 때는 질문한다. 친구가 한 대답이 궁금하면 "왜 그렇게 생각하니?" 하고 다시 물어본다. 이럴 때 대답하는 친구는 다시 생각하게 되어 생각숲이 자라게 된다.

-친구의 대답 중 중요한 것을 메모한다.

-친구에게 도움이 되도록 한다. 친구의 질문에 최선을 다하고 배려하는 마음으로 도움이 되도록 힘쓴다.

하브루타 수업 기술

교과서를 재구성한다.

교과서를 재구성하여 성취 기준별 또는 주제별로 재구성하여 깊이 있게 가르친다.

경청한다.

경청은 모든 수업의 기본이다. 경청할 때 눈은 친구를 바라보고, 귀로는 듣고, 머리로는 생각하며 듣는다.

칭찬하고, 격려하고, 공감한다.

친구의 대답이 훌륭하면 아낌없이 칭찬해 준다. 그래서 인성 교육을 함께 하면 좋다.

남과 다르게 대답한다.

남과 같이 대답하는 것을 묵인하면 아이들은 생각하려 하지 않고 "앞 친구와 같아요." 하고 말한다. 그러므로 같은 대답은 반칙이라고 미리 말해 준다.

경어를 쓴다.

저학년은 경어를 쓰지 않아도 허용하지만, 고학년은 경어를 사용하면 더 진지하게 대답하고 예의바르게 행동한다.

하브루타 방법

하브루타는 4단계 질문, 즉 사실, 심화, 적용, 종합 질문 순서로 한다.

첫째 단계—사실(내용) 하브루타

본문에 나와 있는 사실에 대한 질문을 하여 내용을 확인하는 것이다. 내용을 알아야 깊이 있는 하브루타가 계속될 수 있기 때문에 중요하다.

둘째 단계—심화(상상) 하브루타

다양한 해답을 찾아가는 것으로 내용을 바탕으로 유추하고 연상하는 단계이다.

셋째 단계—적용(실천) 하브루타

본문의 내용을 지금 나의 생활과 관련지어 구체적으로 실천하고 적용하는 방법을 찾는 질문이다. 우리 교육은 삶과 교육이 분리되어 있어 '하는 것 따로, 실천 따로'인 경우가 많다. 알고 있는 것을 어떻게 실천해야 하는가를 생각하고 질문하고 토론해야만 내 것이 되고 생활 실천으로 이어진다. '그 상황에서 나라면 어떻게 행동했을까, 나라면 어떻게 판단했을까?' 등을 토론하며 실천 방안을 모색하는 것이다.

넷째 단계—종합(메타) 하브루타

앞에서 이루어진 세 단계를 꿰뚫는 질문을 던지는 것으로 생각 너머 생각을 하는 단계라고 생각하면 된다. 내용 자체에 대해 평가하고 판단하고 새로운 견해를 제시하는 시간이다. 예를 들면 이율곡의 사상에 대해 알고 그 사상을 평가하고 판단하는 질문을 던지는 것이다. 그래서 창의적이고 독창적인 생각을 지속적으로 할 수 있게 된다. 저학년에게는 다소 어렵다.

하브루타의 예—소금을 만드는 맷돌

『탈무드』에 나오는 「소금을 만드는 맷돌」 이야기를 가지고 네 단계의 질문에 대해 생각해 보자.

소금을 만드는 맷돌

옛날 옛적에 어느 임금님이 신기한 맷돌을 가지고 있었다.
"나와라 밥~!" 하면 밥이 나오고 "그쳐라 밥~!" 하면 그치는 것이다.
어느 날 도둑이 궁궐에 들어와 맷돌을 훔쳐 갔다.
도둑은 배를 타고 바다를 건너다가 심심해서 "나와라 소금~!" 하고 외쳤다.
그러자 소금이 계속 나왔다. 점점 배 안에 소금이 차기 시작했다. 배가 기우뚱거리기
시작했다. 도둑은 너무 놀라 "그쳐라 소금~!"이라는 말을 잊어버렸다. 결국 맷돌은
도둑과 함께 바닷속에 가라앉고 말았다.
바닷속에서도 맷돌은 쉬지 않고 돌았다.
그래서 바닷물이 짜게 되었다.

사실(내용) 하브루타

본문을 읽고 사실적인 내용으로 질문 만들기

-임금님은 무엇을 가지고 있나요?

-맷돌은 언제 사용하는 물건인가요?

-임금님이 외쳤던 주문은 무엇인가요?

-왜 배 안에 소금이 가득 차게 되었나요?

-그치라는 말을 잃어버린 이유는 무엇인가요?

-바닷속에서 맷돌이 계속 돌아가는 이유는 무엇인가요?

심화(상상) 하브루타

-도둑이 소금 대신 다른 것을 주문했다면 어떤 삶을 살았을까요?

-이 임금님이 통치한 나라의 국민은 행복했을까요?

-도둑은 어떻게 궁궐에 들어와 무거운 맷돌을 훔쳤을까요?

-신기한 맷돌을 잃어버린 왕은 어떤 경비 대책을 세웠을까요?

-만약에 "나와라 황금!"이라고 했다면 이 세상은 늘 풍요로움으로 가
  득했을까요?

적용(실천) 하브루타

실생활에 적용하거나 다른 주인공이나 사람에게 견주는 질문 만들기

-내가 맷돌을 가진 도둑이라면 어떻게 했을까요?

-임금님은 평소에 맷돌에게 무엇을 주문했을까요?

-소금처럼 인간에게 꼭 필요한 것은 무엇일까요?

-우리 주변에 욕심 때문에 인생을 망친 사례는 어떤 것이 있을까요?

-불쌍하고 가난한 이웃을 위해 이 맷돌을 쓰면 주문은 뭐라고 해야 하나요?

종합 하브루타

내용에 대해 평가하고 다른 의견 제시하기

-인간의 욕심은 어디가 끝일까요?

-도덕과 정직은 어떠한 관련성을 가지고 있는가요?

-남의 물건이 갖고 싶을 때는 어떻게 하는 것이 바른 행동일까요?

- 우리 주변에 도둑처럼 욕심 많은 사람에게는 어떤 교훈을 주어야 하나요?

-도둑이 바다를 건너지 않고 산과 들을 지났다면 어떤 행동을 했을까요?

「소금을 만드는 맷돌」 질문으로 알게 된 내용

"인간의 욕심이란 끝이 없다. 열을 가진 사람이 하나 가진 사람의 것을 빼앗는 세상이다. 그 욕심을 채우기 위하여 일하다가는 결국 패가망신한다. 자신이 스스로 땀 흘려 얻은 것만이 진정한 내 것이다. 욕심이 악의 근원이다. 인간의 욕심은 결국 스스로를 파괴하여 죽음으로 몰고 간다."

"남의 것을 도둑질한 것으로는 자선을 베풀 수 없다고 한다. 우리는 세상을 위해서 해야 하는 어떤 선한 행위도 땀 흘려 일한 것으로 해야 한다. 도덕과 정직에 대한 많은 생각을 하게 되었으며 도덕과 정직에 연관성을 두고 깊이 있는 생각을 하게 되었다."

"이 이야기는 많은 욕심을 부리지 말자는 교훈을 담고 있다. 이런 이야기를 질문으로 만들어 보니 그냥 읽는 것과 달리 수많은 생각을 하게 되고 사고력을 키우게 된다. 질문을 만드는 것은 창의력과 연관된다는 것을 다시 한 번 깨달으면서 새삼 질문의 중요성을 느끼게 되었다."

"사람의 행동에는 반드시 대가가 따른다. 좋은 행동에는 아름다운 열매가, 나쁜 행동에는 그에 따른 삶의 열매가 맺힌다. 행동은 생각이 표현되는 것임을 볼 때에 생각이 삶에 주는 영향력이 크다는 것을 알 수 있다. 가정에서부터 시작해서 교육과 소통에 이르기까지 하브루타의 필요성을 절실히 느끼게 된다."

한 편의 이야기를 읽고 이렇게 다양한 질문을 수십 개도 만들 수 있으며 알게 된 내용도 이처럼 사람마다 다르다. 획일적인 정답을 알려 주는 교육이 아니라 질문을 만들어 보고, 스스로 새로운 것을 알게 되고, 깨우치며, 삶에 적용하게 되어 진정한 배움이 일어나게 된다. 이처럼 하브루타 질문 교육의 효과는 크다.

04
질문을 어떻게 만들면
좋을까?

하브루타 질문법

전성수 교수는 『최고의 공부법 하브루타』에서 질문하는 단계에 따라 사실(내용) 질문, 심화(상상) 질문, 적용(실천) 질문, 종합(메타) 질문의 4단계로 구분했다.

사실 질문은 낱말의 뜻이나 본문에 답이 나와 있는 질문을 말한다. 교과의 내용을 알아야 하거나 개념이나 단편적인 지식을 알아야 할 때 만들어 보면 좋다. 심화 질문은 본문에 답이 나와 있지 않지만 유추하면 답을 알 수 있는 질문이다. 생각이나 느낌을 주고받는 공부를 할 때 활용하면 좋다. 적용 질문은 나와 다른 사람의 생활에 적용해 보는 질문이다. 도덕 수업에서 많이 만들어 보고 생각을 서로 나누어 보면 보다 실천적인 삶을 사는 데 도움이 된다. 종합 질문은 시사점, 교훈, 반성할 점, 생각 너머 생각 질문 등 종합해서 하는 질문이다. 창의적 사고력과 비판할 수 있는 능력을 길러 주는 질문으로 수준이 높다.

또한 질문을 문항 구성 방식에 따라 구분하면 폐쇄형 질문과 개방형 질문으로 나눌 수 있다. 누가, 언제, 어디서와 같이 간단하게 답이 나오는 질문을 폐쇄형 질문이라 하고, 무엇을, 왜, 어떻게 등과 같이 답이 여러 가지 나오는 것을 개방형 질문(확산적 질문)이라고 한다.

그러면 질문을 어떻게 만들면 될까? 『탈무드』의 「굴뚝 청소하는 두 소년」으로 질문을 만들어 보면 다음과 같다.

굴뚝 청소하는 두 소년

어머니가 큰아들에게 말했다.
"아들! 오늘은 날이 맑으니 동생과 함께 굴뚝 청소를 좀 하렴."
형과 동생은 청소 도구를 들고 굴뚝으로 들어갔다. 형과 동생은 열심히 청소를 하고 굴뚝 밖으로 나왔다. 그런데 형의 얼굴은 그을음이 묻어 새까맣고 동생은 깨끗한 얼굴로 나왔다.
형과 동생 중 누가 세수를 할까?

사실 질문

낱말 뜻 묻기

-굴뚝이 무엇인가요?

-그을음이 무엇인가요?

내용에 대해 묻기

-누구 얼굴이 까맣게 되었는가요?

-형과 동생은 무엇을 하였는가요?

심화(상상) 질문

느낌 묻기

-자식에게 청소를 시킨 어머니에 대해 어떤 생각이 드는가요?

비교하여 묻기

-아이가 청소할 때와 어른이 청소할 때 어떻게 다를까요?

장단점 묻기

-굴뚝 청소를 하지 않았을 때 좋은 점은?

문제 해결 방법 묻기

-굴뚝 청소를 잘하는 방법은 무엇일까요?

추리하여 묻기

-어머니는 아들에게 청소를 시켜 놓고 어디 갔을까요?

문장으로 유추하기

-어머니는 왜 자식들에게 굴뚝 청소를 시켰을까요?

나에게 적용

-내가 이 이야기 속의 어머니였다면 청소를 시켰을까요?

적용(실천) 질문
상대방에 적용

-우리 엄마라면 이런 청소를 시켰을까요?

생활에 적용

-한국인 부모와 유대인 부모의 다른 점은 무엇일까요?

종합(메타) 질문
교훈

-이 글이 우리에게 주는 교훈은 무엇인가요?

반성

-나는 왜 청소하기를 싫어하는가요?

시사점

-이 글이 우리에게 주는 시사점은 무엇인가요?

처음 질문을 만들 때는 6하 원칙을 하나씩 넣어서 만들어도 된다. 교실에 있는 컴퓨터를 보고 질문을 만들면 다음과 같이 할 수 있다.

6하 원칙으로 만든 질문

누가

-이 컴퓨터는 누가 만들었는가요?

언제

-이 컴퓨터는 언제부터 우리 교실에 있었나요?

어디서

-이 컴퓨터는 어디서 만들었나요?

무엇을

-컴퓨터는 무엇을 하기 위해 쓰는 것인가요?

왜

-이 컴퓨터의 색깔은 왜 검정색인가요?

어떻게

-컴퓨터는 어떻게 사용하는 것인가요?

표로 정리하면 다음과 같다.

6하원칙	내용(사실)		상상(심화)		적용(실천)	
누가	본문에 있는 내용, 낱말의 의미		내용을 알면 짐작 가는 것		나(우리)에게 교훈 시사, 적용	
언제	사실	~가 ~인가?	느낌	~에서 너의 느낌은?	선택	나라면 어떻게 행동할까?
어디서	의미	~는 무슨 뜻인가?	의견	너의 생각은?	판단	~가 옳다고 생각하는가?
무엇을	행동	누가/무엇을/ 어떻게 했나?	가정	~가 ~라면?	요약	이야기 요약하기
어떻게	결과	어떤 일이 있었나?	장단점	~의 장점은? 단점은?	배울 점	내가 배울 점은?
왜	한 일	~가 한 일은?	방법	문제를 해결 하는 방법은?	적용	나의 생활에 어떻게 적용할 것인가?
			가치	~가 왜 중요 할까?		

스캠퍼의 아이디어 촉진법 질문

상상력과 지적 호기심을 자극할 수 있는 질문은 창의적인 아이디어를 얻는 데 매우 유용하다. 특히 어떤 질문을 하느냐에 따라 창의적 사고와 수준은 달라질 수 있다. 이때 새로운 아이디어를 자극할 수 있는 일련의 질문을 미리 만들어 놓고 그에 대한 답을 하려고 노력하면 새로운 아이디어를 생성하기가 보다 쉽다. 이러한 원리에 의해 만들어진 사고기법이 스캠퍼(SCAMPER)이다.

스캠퍼는 오스본(Osbone)이 소개한 질문 리스트법을 애벌리(Eberle)가 재구성한 아이디어 촉진 질문법으로 7가지 질문에 있는 핵심 단어들의 첫 철자를 따서 만든 기법이다. 7가지 질문은 다음과 같다. S(Substitute, 대체)하면? C(Combine, 결합)하면? A(Adapt, 응용)하면? M(Modify, 변형 / Magnify, 확대 / Minify, 축소)하면? P(Put to other uses, 다른 용도)로 하면? E(Eliminate, 제거)하면? R(Reverse, 뒤집기 / 재배열, Rearrange)하면?

스캠퍼(scamper)란 단어의 뜻을 찾아보면 동사로는 '빨리 달리다. 뛰어다니다.', 명사로는 '뛰어다니기'란 의미가 있다. 걸어만 다니던 사람이 처음부터 마구 뛰어다니려면 얼마나 힘이 들까? 기어만 다니던 사람이 바로 뛰어다닐 수 있을까? 창의적 사고를 하기 위해서는 꾸준한 연습이 필요하다. 스캠퍼 질문은 아이들이 창의적으로 사고하는 데 아주 유익한 도구가 될 것이다.

스캠퍼 질문법을 「효녀 심청」 내용으로 소개해 본다.

효녀 심청

옛날 황해도 한 마을에 심학규라는 봉사가 살았다. 심봉사는 아내가 딸 청이를 낳고 죽자 동네 아낙들 젖을 얻어 먹여 청이를 키웠다. 심청은 재주도 많고 효성이 뛰어나 아버지를 극진하게 모셨다. 어느 날 공양미 삼백 석을 바치면 아버지 심봉사가 눈을 뜰 수 있다는 말을 듣고 스스로 인당수에 바쳐지는 제물이 된다. 하늘의 보살핌을 받은 심청은 커다란 연꽃에 태워져 궁궐에 도착하고 왕비가 된다. 심청은 아버지가 보고 싶어 봉사들을 위한 잔치를 열었고, 그곳에서 청이를 만난 심봉사는 눈을 뜨게 된다.

S : 대체(Substitute) 질문

기존과 다른 시각으로 생각하도록 하기 위해 기존의 것을 다른 것으로 대체하면 어떻게 될지에 대한 질문을 하는 것이다.

- 다른 무엇 : 아버지 심봉사의 눈을 뜨게 할 수 있는 방법으로 공양미 말고 무엇이 있을까?
- 다른 누구 : 아버지 심봉사가 스님을 만나지 않고 고을 군수를 만났다면 이야기는 어떻게 이어졌을까?
- 다른 장소 : 심청이 산속으로 팔려 갔다면 이야기는 어떻게 전개되었을까?
- 다른 재료 : 바다에 떠오른 신비한 연꽃 한 송이가 아니라 한 마리 학이었다면?
- 다른 과정 : 뱃사공이 처녀를 사러 온 것이 아니라 산신령이 도끼를

사러 왔다면?

-다른 접근법 : 심청이 궁궐에 도착해서 왕비가 된 것이 아니라 평범한
시골 아낙이 되었다면?

-다른 목소리 : 심청이 물에 빠지면서 목소리가 변해서 아버지 심봉사
가 심청의 목소리를 알아듣지 못했다면 눈을 뜰 수 있었을까?

C : 결합(Combine) 질문

2가지 이상의 것을 결합해 새로운 것을 유발하기 위한 질문이다.

-새로운 무엇과 결합 : 심봉사에게 아들이 하나 더 있었다면?

-여러 가지 목적 결합 : 심봉사의 눈을 뜨게 하는 방법이 공양미가 아
니라 심봉사가 다른 사람에게 안마를 일 년간 해 주는 것이었다면?

-아이디어 결합 : 심봉사가 시장에 갔는데 무료로 눈병을 고쳐 주는 의
사를 만났다면?

A : 응용(Adapt) 질문

어떤 것을 다른 분야의 조건이나 목적에 맞게 응용해 볼 수 있도록 생
각을 유발하는 질문이다.

-이것과 비슷한 것 : 효녀 심청 이야기와 비슷한 효도 이야기는?

-이것에 다른 것을 적용해 보면 : 엄마를 잃은 콩쥐와 심청 중에서 누
가 더 행복했을까?

-과거의 것과 비슷한 것 : 조선시대 효도와 오늘날 효도의 비슷한 점
은?

M : 변형(Modiify), 확대(Magnify), 축소(Minify) 질문

어떤 것의 특성이나 모양 등을 변형하거나 확대 또는 축소하여 새로운 것을 생성할 수 있도록 하는 질문이다.

- 변형 : 이 이야기의 주인공을 심봉사와 효자 아들로 바꾸면 심봉사는 눈을 뜨게 되었을까?
- 확대 : 궁궐에서 잔치를 할 때 온 고을 사람을 다 불렀다면 심청은 아버지를 찾을 수 있었을까?
- 축소 : 공양미 열 석에 눈을 뜨게 해 준다고 했으면 심청이는 인당수에 빠졌을까? 그러면 심봉사는 눈을 뜰 수 있었을까?

P : 다르게 활용하기(Put to other uses) 질문

다른 용도로 사용될 가능성을 생각하도록 하는 질문이다.

- 다른 용도 사용 : 심청이 다른 방법으로 아버지 심봉사의 눈을 뜨게 할 수는 없었을까?

E : 제거(Eliminnate) 질문

어떤 것의 일부분을 제거함으로써 새로운 것을 생성해 내는 질문이다.

- 이것을 제거해 버리면 : 아버지가 봉사가 아니었다면 이야기는 어떤 방식으로 펼쳐졌을까?
- 없어도 할 수 있는 것은 : 돈이 없어도 효도할 수 있는 방법은?

R : 뒤집기(Reverse), 재배열(Rearrange) 질문

주어진 것의 순서나 모양 등을 거꾸로 해 보거나 다시 배열해서 새로운 것을 생성해 내도록 하는 질문이다.

- 거꾸로 하면 : 아버지 심봉사가 공양미로 바로 눈을 뜨고 심청은 바다에 빠져 죽었다면 심봉사는 어떻게 살아갔을까?
- 역할을 바꾸면 : 심청의 집이 아주 부자로 계속 살고 심청이 불효녀였다면 아버지는 어떤 삶을 살아갔을까?
- 순서를 바꾸면 : 심청이 너무 예뻐서 열다섯 살에 왕자비가 되었다면?
- 원인과 결과를 바꾸면 : 심청이 마지막에 목숨만 잃고 심봉사는 눈을 못 뜨게 되었다면 이야기가 오늘날까지 전해졌을까?

생각숲을 가꾸는 질문법

- ~의 생각은 어떤가요?
- ~의 생각을 보충한다면?
- 이것을 보면 무엇이 떠오르나요?
- ~의 생각과 ~의 생각을 연결한다면?
- ~과 ~의 비슷한 점은 무엇인가요?
- 만약 ~이라고 가정한다면?
- 만약 ~를 시도한다면?
- 만약 ~를 다른 측면에서 본다면?

네 말이 옳구나!

집의 하녀 둘이 싸우다가 황희 정승에게 와서 하소연하였다.

한 하녀가 자기의 사정을 이야기하자 황희 정승이 말하였다.

"네 말이 옳구나."

그러자 다른 하녀가 자기가 옳다고 주장하였다.

"네 말도 옳다."

황희 정승이 들은 후 말하였다. 그 광경을 보고 있던 부인이 말했다.

"두 사람이 서로 반대의 이야기를 하는데 둘이 다 옳다고 하시면 어떻게 합니까? 한 사람은 틀려야지요."

그러자 황희 정승은 말했다.

"당신의 말도 옳소."

왜 이렇게 대답했을까요?

생각 숲 을 가 꾸 는 질 문	~의 생각은 어떤가요?	황희 정승의 생각은 어떠한가요?
	~의 생각을 보충한다면?	정승의 말에 더 보충해서 해 줄 수 있는 말은 무엇일까요?
	이것을 보면 무엇이 떠오르나요?	고자질한 하녀를 보면 무엇이 떠오르나요?
	~의 생각과 ~의 생각을 연결한다면?	두 하녀의 생각과 나의 생각을 연결해 보면 어떤 지혜가 나올까요?
	~과 ~의 비슷한 점은 무엇인가요?	고자질한 두 하녀의 비슷한 점은 무엇인가요?
	만약 ~이라고 가정한다면?	만약 내가 부인이었다면 어떻게 했을까요?
	만약 ~를 시도한다면?	만약 하녀 보고 다시 말하라고 하면 어떻게 말할까요?
	만약 ~를 다른 측면에서 본다면?	만약 정승이 한 말을 판사 입장에서 본다면 옳은 말인가요?

정약용 질문법

1권 5행 질문법

한 권 깊이 읽기를 정약용 책으로 하다 보니 정약용에 대해 더 깊이 알고 싶어져 이재풍 선생님의 『한 권을 읽어도 정약용처럼』을 읽었다. 이 책에는 정약용의 공부 방법이 나온다. 바로 1권 5행법이다.

1행: 박학(博學) 단계

두루 넓게 배우는 것으로 주로 많이 읽기에 해당한다.

2행: 심문(審問) 단계

자세히 깊게 질문하는 것이다.

3행: 신사(新思) 단계

차분하게 깊이 창의적으로 생각하는 것이다.

4행: 명변(明辯) 단계

옳게 판단하기 위해 토의 토론하는 것이다.

5행: 독행(篤行) 단계

읽은 내용을 삶에 적용하는 것을 강조한다.

1권 5행 질문법을 『논어』의 「공자와 마부」 내용으로 소개해 본다.

공자와 마부

공자가 타고 다니던 말이 어느 날 한 농부의 밭에 들어가서 농작물을 망쳐 버렸다. 화가 머리끝까지 난 농부는 말도 하지 않고 말을 끌고 가 버렸다. 공자가 제자들에게 물었다.

"누가 가서 말을 찾아오겠소?"

"제가 찾아오겠습니다."

말재주가 좋은 제자 자공이 말했다. 그러자 마부도 말했다.

"아닙니다. 제가 말을 지키지 못했으니 제가 가겠습니다."

자공은 휘파람을 불며 가서 말을 돌려 달라고 했다. 손이 닳도록 빌었지만 농부는 말을 돌려주지 않았다.

자공은 맥이 빠져 빈손으로 돌아왔다. 이번에는 마부를 보냈다. 마부가 웃으며 농부에게 다가가 말했다.

"당신이나 나나 다 같은 농부 아니오. 내가 깜빡 조는 사이에 아무것도 모르는 짐승이 밭에 들어가 저지른 일이니 한 번만 용서해 주면 안 되겠소? 말이 이곳이 당신 것인지 우리 것인지 어찌 알겠소. 그러니 한 번만 용서해 주시오."

마부의 말을 듣고 농부는 어떻게 했을까?

박학(내용 파악 질문)

-농부의 농작물을 망친 동물은 무엇인가?

-자공은 농부에게 뭐라고 말하면서 말을 돌려 달라고 했나?

심문(생각 질문)

-공자는 왜 자공에게 농부를 찾아가도록 했을까?

-자공 말에 농부는 기분이 어떠했을까?

-마부의 말에 왜 농부는 말을 돌려주었을까?

106

신사(창의 질문)

-마부처럼 학생들에게 말을 한다면 학생들이 어른을 대하는 태도는 어떨까?

-'말 한마디에 천 냥 빚도 갚는다.'는 말은 무슨 뜻일까?

-말로 상처를 크게 입은 일이 있는가?

명변(토론 질문)

-공자가 자공에게 가라고 지명해서 말한 것은 옳은 것인가?

-자공과 농부 중 누가 더 지혜로운가?

-농부와 마부 중 누가 더 현명할까?

독행(실천 질문)

-다른 사람에게 용서를 빌 때는 어떻게 말을 해야 할까?

-아이들이 잘못을 하면 어떻게 말해야 상처를 주지 않을까?

-나의 훈계 방법 중 고칠 점은 무엇인가?

-다른 사람을 감화시키려면 어떤 말을 해야 할까?

시비 이해 질문법

시비 이해 질문법도 정약용의 질문법이다. 시비 질문은 옳고 그름에 관계되는 질문으로 하는 것이고, 이해 질문은 이익과 손해 혹은 좋은 것과 안 좋은 것 등과 관련된 질문을 말한다.

「흥부와 놀부」 이야기로 시비 이해 질문을 만들어 보면 다음과 같다.

-놀부의 행동 중 옳은 것은 무엇인가?

-놀부의 행동 중 잘못된 것은 무엇인가?

-흥부가 잘한 것은 무엇인가?

-흥부가 옳지 않았던 행동은 없을까?

이해 질문

-흥부가 오늘날 우리에게 주는 유익한 점은 무엇인가?

-흥부의 행동에서 좋지 않았던 점은 없을까?

-놀부가 흥부에게 끼친 손해에는 어떤 것이 있을까?

-놀부의 성격 중 좋은 점은 없을까?

육색 사고 질문법

육색 사고 기법에서 응용한 질문법이다. 6가지 사고로 말하는 것을 질문법으로 만들어 적용해 보았다. 흰색 모자를 쓴 아이는 본 사실에 대해서만 이야기하고, 빨간색 모자를 쓴 아이는 느낌이나 생각을 말하며, 노란색 모자를 쓴 아이는 긍정적인 생각을 말한다. 검은색 모자를 쓴 아이는 부정적인 생각을 말하며, 초록색 모자를 쓴 아이는 창의적인 생각을 말하고, 파란색 모자를 쓴 아이는 종합해서 말하는 기법이다.

이를 응용하여 「고양이 목에 방울 달기」 이야기로 질문을 만들었다.

흰색(사실) 질문

-고양이를 누가 데려왔나?

-주인은 고양이를 왜 사 가지고 왔을까?

빨강(느낌) 질문

-고양이를 보고 쥐들은 어떤 생각이 들었을까?

-고양이를 들여오고 나서 주인은 마음이 어떠했을까?

노랑(긍정) 질문

-고양이 목에 방울을 달았을 때 좋은 점은 무엇일까?

-고양이가 집에 있으면 좋은 점은 무엇인가?

검정(부정) 질문

-방울을 아무도 달지 못하면 쥐들은 어떻게 될까?

-고양이가 집에 있으면 안 좋은 점은 뭘까?

초록(창의) 질문

-고양이에게 담대하게 방울을 다는 방법은?

-어려움에 처하면 우리는 어떻게 해야 할까?

-어려움에 당당하게 맞서려면 어떤 미덕이 필요할까?

-쥐들이 고양이를 쫓아내는 방법은 없을까?

파랑(종합) 질문

-용기 있는 생활이 왜 중요할까?

-위험에 처한 사람을 보면 용기가 생기는가?

-진정한 용기는 무엇일까?

-나는 용기가 있는 사람인가?

-목표를 달성하기 위해서 우리는 어떤 미덕을 깨워야 할까?

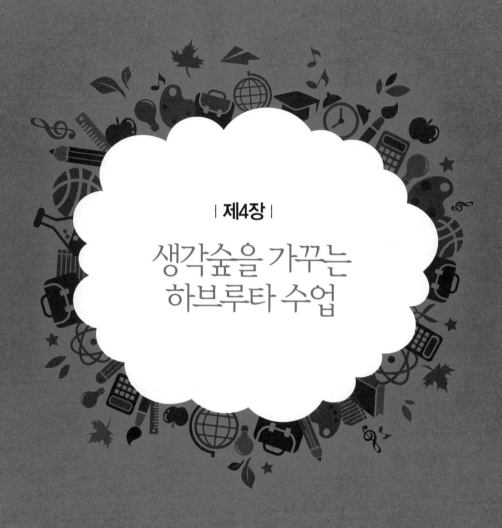

| 제4장 |

생각숲을 가꾸는
하브루타 수업

아이들의 생각숲이 풍성해지도록 가꾸어 주려면 부모와 교사들의 사고방식이 바뀌어야 한다. 부모는 가정에서 아이들에게 뭔가를 시킬 때 지시하거나 명령할 것이 아니라 질문을 해야 한다. 질문하는 부모가 되어야 한다.

예를 들면 대부분의 부모는 아이가 공부는 하지 않고 계속 TV만 보고 있을 때 명령하듯이 말한다.

"철수야, 네 방에 들어가서 공부해라."

그런데 이제는 스스로 숙제하러 가고 싶은 마음이 생기도록 질문하듯이 말해 보라.

"철수야, TV가 재미있나 보구나. 근데 숙제는 어떻게 할 거야?"

이런 식으로 말을 하면 아이가 스스로 생각한 뒤에 판단하고 행동으로 옮겨서 공부를 하게 된다. 즐거운 마음으로 하기 때문에 집중력이 좋아져 학습 효과가 높고, 자아성취감도 높아진다.

가정에서는 밥상머리에서 하는 토론 문화를 만들어야 한다. 토론하는 과정에서 고민거리나 문제점 등을 가족이 힘을 합쳐 풀어 나가면 아이들이 사춘기가 되어도 방황하지 않고 자신을 잘 지키며 화목한 가정을 만들어 갈 수 있다.

교실에서도 마찬가지로 질문하는 교사가 되어야 한다. 교사가 노력하지 않으면 질문·토론하는 아이들로 바꾸기 어렵다. 아이들 스스로 바뀌는 것은 불가능하다. 최근에 학교마다 하브루타 열풍이 불고 있다. 교사들의 의식 변화가 많이 일어나 전국적으로 질문·토론하는 교실로 바꾸기 위해 노력하고 있다.

교실에서 하는 하브루타의 꽃은 질문 수업이다. 위대한 질문이 세상을 바꾼다는 말이 있다. 질문은 어떻게 잘하느냐가 문제다. 질문에는 일반적인 질문이 있고, 차원 높은 질문이 있으며, 위대한 질문이 있다. 세상을 바꾸는 위대한 질문을 만드는 아이들로 키우려면 하브루타 질문식 수업을 해야 한다. 아이들의 생각숲을 가꾸어 주기 위해서도 질문 수업을 해야 한다.

01
5가지 하브루타
수업 모형

필자가 교육 현장에서 직접 연구하고 적용하며 터득한 하브루타 수업 방법을 독자들과 공유하고자 한다. 많은 교사가 이것을 참고하여 교실에서 하브루타를 적용할 때 좀 더 쉽게 할 수 있기를 바란다.

먼저 우리나라에 하브루타를 소개한 전성수 교수의 하브루타 수업 모형 5가지를 알아보자. 수업을 할 때 모형의 단계별로 처음부터 끝까지 그대로 해도 좋지만 수업 중간중간에 적용해도 된다. 쉬운 것부터 하나씩 적용해 가면 된다.

질문 중심의 수업

질문 중심의 하브루타는 학생들이 본문을 읽고 질문을 만들어서 먼저 짝과 1:1 토론을 한다. 그 다음에 둘이서 가장 좋은 질문을 선정하고, 선정한 질문으로 모둠끼리 토론을 하고, 그 모둠에서 가장 좋은 질문을 뽑는다. 그 질문으로 집중 토론을 한 다음에 내용을 정리 발표하고, 교사가 정리해 준다.

*쉬우르 : 수업 마지막 단계에 학생 전체와 교사가 질문 중심으로 종합 정리하면서 하브루타하는 것

질문 중심의 하브루타 수업은 질문 만들기 → 짝 토론 → 모둠 토론 → 발표 → 쉬우르 과정을 거치는 수업 모형으로 다양하게 변형이 가능한 수업 형태이다.

-책 읽고 질문 5개 이상 만들기
-만든 질문으로 2인 짝 하브루타하기
-짝과의 질문 중에 최고의 질문 뽑기
-최고의 질문으로 4인 모둠 하브루타하기
-최고의 질문 뽑기

-그 질문으로 하브루타하기

-하브루타한 내용 정리하기

-각 모둠 발표하기

-전체 쉬우르

　이 방법으로 수업을 해 보니 자기 질문이 뽑히지 않은 아이는 실망하고 수업에 흥미를 잃는 경우도 있었고, 또 다른 경쟁이 유발되기도 했다. 그래서 필자는 방법을 바꾸어 실시하고 있다.

　그 방법은 짝과 함께 토론(질문 놀이)한 다음에 짝을 3~4명 바꾸어 가면서 질문 놀이를 한다. 질문이 끝나면 자기 자리로 돌아와서 자기 질문에 대한 답을 정리, 발표하고 종합 쉬우르를 하고 마친다.

　그 밖에 모둠별로 질문(토론)하는 방법도 있고, 짝을 바꾸어 가면서 질문하는 방법도 있다. 수업 시간에는 이 방법, 저 방법 바꾸어 가면서 하면 더 즐겁게 수업을 할 수 있다. 여기서 두 번째 질문식 수업을 소개해 본다.

질문 만들기 ⇨ 짝 토론 ⇨ 짝 교대 토론 ⇨ 정리 및 발표 ⇨ 쉬우르

토론(논쟁) 중심의 수업

토론은 사물을 깊이 이해하고 본질을 찾는 능력을 키워 주어 전두엽 발달에 가장 좋은 영양제 역할을 한다. 그러므로 수업에서 토론을 많이 하는 것이 좋다. 특히 토론 대회에서 주로 하는 디베이트가 아니라 모든 학생이 참여하는 찬반 토론인 하브루타 토론이 유용하다.

토론 중심의 하브루타는 토론할 주제, 즉 이슈를 정한 다음에 그 주제를 중심으로 짝 토론과 모둠 토론을 진행하는 방법이다. 토론 중심의 수업은 다음과 같이 진행한다.

먼저 찬성과 반대 입장을 정하지 않고 찬반 양측 각 입장에 대한 근거 자료들을 미리 집에서 인터넷이나 신문 등을 통해 조사한다. 그 내용을 바탕으로 가위바위보로 찬반 입장을 정해서 짝과 1:1 토론을 한 다음, 입장을 바꾸어서 토론하고, 둘이서 토론을 통해 더 좋은 입장을 정한다. 그 입장을 내어놓고 모둠끼리 토론을 하고, 모둠의 입장을 정해 그 근거들을 정리한다. 주제에 대한 입장과 근거들을 정리한 다음, 그 내용을 발표하고, 교사가 정리해 준다. 이때 교사는 옳고 그름을 판단해 주면 안 되고 아이들 스스로 내리도록 한다.

질문 놀이할 때 짝을 바꾸어 가면서 하듯이 토론도 짝을 바꾸어 가면서 하면 더 좋다. 그래서 필자는 2가지 모두 해 보기를 권장한다. 이 토론은 아이들이 말할 기회가 더 많이 주어지기 때문에 좋다.

　토론은 '하나의 주제를 가지고 각각의 사람들이 개인의 의견을 교환하는 것'이다. 그래서 그 주제에 대해 철저하게 조사해 오는 것이 중요하다. 여러 자료를 통해 자기 입장에 대한 근거를 명확하게 정리해 오게 한다. 초등학교 고학년 이상이라면 주장의 근거에 대해 인용을 표시하는 것이 좋다. 각 입장에 대한 근거를 포스트잇에 적어 와서 판에 붙이면서 진행한다.

　-주제 정하기

　-찬반 양측 입론 철저하게 조사하기

　-주제에 대한 찬성, 반대 입장 정하기

　-둘씩 짝 지어 토론하기/입장 바꾸어 토론하기

　-짝과의 토론을 통해 짝 입장 정하기

　-각 입장 내놓고 모둠별로 토론하기

　-각 입장의 근거 정하기

　-각 모둠의 입장과 근거 발표하기

　-교사와 쉬우르

친구 가르치기 수업

미국 MIT 공대 행동연구소에서 연구한 최고의 공부 방법은 '친구 가르치기(친구에게 설명하기)'이다.

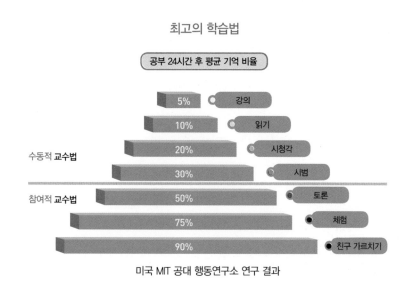

미국 MIT 공대 행동연구소 연구 결과

이 표는 공부한 지 24시간이 지났을 때 기억하는 비율을 나타낸 것이다. 수동적 교수법인 강의는 5% 기억하며, 읽기는 10% 기억한다. 반면에 참여적 교수법 중에서 토론은 50%, 직접 체험하는 것은 75%, 친구 가르치기는 90%를 기억한다. 친구 가르치기 수업은 교실에서 주로 하는 강의식 수업에 비하면 18배의 학습 효과가 있는 것이다.

친구 가르치기로 스스로 학습을 하면 사교육에 의지할 이유가 없다.

남에게 설명하거나 가르치다 보면 어떤 점에서 막히는지, 어떻게 설명해야 잘 이해할 수 있는지 알 수 있기 때문이다. 잘 외워지지 않거나 어려운 부분은 서너 번씩 가르치면 더욱 오래 기억하게 되어 효율성이 높다.

교사는 아이들에게 오늘 배운 내용을 부모님께 가르치고 오라고 하거나 내일 배울 내용을 부모님께 먼저 가르쳐 보고 오게 한다. 가정에서는 부모가 학생이 되고 아이가 선생님이 되는 선생님 놀이를 하면 좋다. "오늘 배운 내용이 궁금하니 엄마 좀 가르쳐 줄래?" 하면서 아이가 스스로 학습을 하도록 유도하면 선생님 놀이를 하는 과정에서 배움이 크게 일어나서 효과적이다. 곰 인형을 앞에 놓고 가르치는 식으로 응용해도 좋다.

책 읽고 내용을 이야기해 주는 것도 좋다. 말로 표현할 수 있어야 진짜 알고 있는 것이기 때문이다. 알고 있는 것 같지만 실제로 말해 보면 잘 안 되는 경우가 허다하다. 메타 인지가 안 되었기 때문이다. 그래서 말로 표현해 보는 것이 아주 중요하다.

수업 시간에 부분적으로 적용할 수도 있다. 수업 시작할 때 지난 시간에 배운 내용을 짝에게 말해 주기를 하거나, 정리 단계에서 그 시간에 배운 내용을 짝에게 서로 말해 주기를 하면 된다. 알게 된 내용을 정교화하는 과정에서 뭘 아는지 모르는지 메타 인지가 되어 좋다.

이렇게 공부를 하다 보면 자기가 무엇을 아는지 모르는지 확실하게 알게 되어 부족한 부분을 다시 공부하게 된다. 그래서 학습 효과가 가장 높은 친구 가르치기 공부를 권장한다.

친구 가르치기 수업 모형대로 1시간 수업을 할 경우, 가르치고 배울 범위를 정한 다음에 그것을 철저하게 공부해 오게 한 다음에 서로 가르치고 배우도록 하면 된다. 혹은 숙제를 내지 않고 수업 시간에 공부할 시간을 10분 정도 주고 난 다음에 서로 가르치게 해도 된다.

짝의 수준은 비슷한 경우가 좋다. 서로 실력이 비슷하면 손해나는 느낌 없이 치열하게 서로 질문하고 반박하면서 공부할 수 있다. 설명을 듣는 학생은 내용을 들으면서 궁금한 것을 수시로 질문하면 된다.

친구 가르치기 수업도 질문 놀이처럼 짝을 2~3명 바꾸어 가면서 가르치게 하면 내용을 확실하게 알게 되어 학습 효과가 아주 높다. 단, 가르칠 내용의 양이 적을 때 가능하다.

-교재 범위 둘로 나누기

-각자 맡은 부분 철저하게 공부해 오기

-한 친구가 먼저 가르치기

-배우는 친구는 배우면서 질문하기

-입장을 바꿔 다른 친구가 가르치기

-배우면서 질문하기

-서로 토론하면서 이해하지 못한 내용 정리하기

-이해하지 못한 내용 질문하기

-쉬우르

비교 중심 수업

비교 중심 수업은 질문 만들기 수업과 같다. 단, 비교하는 대상이 있으니 서로 비교해 가면서 질문을 만들면 된다. 비교 대상은 이야기의 내용이 상반되거나 내용이 반대되는 사진을 사용하면 좋다.

예를 들어 동양 문학과 서양 문학 비교하기, 한옥과 양옥 비교하여 주거 생활의 특징 알아보기, 옛날과 오늘날의 교통수단 등의 사진을 보여주고 특징이나 편리한 점 찾기 등을 할 때 학습 효과가 아주 높다.

-비교 대상 선정하기

-비교하며 관찰하기

-질문 만들기

-질문 바꾸어 보기

-좋은 질문 각자 1개 고르기

-1:1로 짝을 지어 토론하기

-짝 바꾸어 질문하기

-서로의 질문 공유하기

-나의 질문과 토론 내용 발표하기

-질문 중심으로 개념과 학습 주제에 맞게 쉬우르하기

문제 만들기 수업

문제 만들기 수업은 주로 한 단원이 끝날 때나 중간고사, 기말고사를 앞두고 시험 공부할 때 적용하면 좋다. 이때는 아이 자신이 문제를 출제하는 선생님이라고 생각하고, 학습 문제를 잘 분석하여 질 높은 문제를 만들도록 한다. 잘 만든 문제를 선정하여 단원평가와 중간고사 시험에 그대로 출제한다고 하면 더 좋은 문제를 만들기 위해 공부를 열심히 하게 된다.

문제를 만들어 선정하고 다듬어서 다른 친구들과 바꾸어 풀어 본 후 모둠에서 가장 좋은 문제를 선정하여 교사에게 제출하도록 한다.

문제는 반드시 서술형으로 만들게 해서 답이 여러 가지 나오는 것으로 해야 문제풀이 놀이를 할 수 있다. 전성수 교수의 『최고의 공부법』에 있는 다음 예시처럼 문제를 만들어 서로 바꾸어서 풀어 보는 방법도 좋다. 교사가 다양하게 응용해서 하면 된다.

-교재 범위 철저하게 공부하기
-문제 만들기(서술식)
-둘씩 토론하여 문제 다듬기
-짝과 좋은 문제 골라내기

-모둠별로 토론하여 문제 다듬기

-모둠에서 좋은 문제 골라내기

-골라낸 문제 함께 풀어 보기

-다른 모둠과 문제 교환해서 풀어 보기

-쉬우르

02
교과별로
하브루타 적용하기

국어 수업

동시 쓰기 질문 수업

도입 단계

-지난 시간에 배운 동시를 외워 보거나 동시 하면 떠오르는 낱말들을
썽킹맵으로 해 보거나 끝말잇기 등으로 동기를 유발한다.

전개 단계

-동시 쓸 주제와 관련된 사진이나 그림을 보여 주고 질문을 10가지 이

상 만들어 보게 한다. 이때 자기의 마음이나 기분, 생각, 느낌, 하고 싶
은 말 등 다양한 질문을 하도록 한다.

-짝과 함께 서로 질문하고 대답한다.

-자신의 마음을 정리해 보게 한다.

-그 내용을 바탕으로 동시를 써 보게 한다.

-다 쓴 동시는 다시 수정하게 한다.

정리 단계

-쓴 동시를 짝에게 읽어 준다.

-모둠 친구들과 서로 돌려 가며 읽어 본다.

문학 수업

-긴 이야기는 집에서 읽어 오도록 미리 과제로 제시한다.

-읽은 내용을 짝에게 들려준다.

-질문을 5~10개씩 만든다.(숙제로 만들어 오면 더 좋다.)

-질문을 1개 선정해서 짝과 함께 질문을 한다.

-짝을 3~4명 바꾸어 가며 질문을 한다.

-자리로 돌아와서 친구들이 대답한 것과 나의 대답을 정리한다.

-학습 문제를 중심으로 전체 정리를 한다.

-배운 내용을 공책에 스스로 정리하게 한다.

-정리한 것을 짝에게 가르치게 한다.

수학 수업

개념 형성 및 원리 알기 수학 수업

전두엽 깨우기 단계

-지난 시간에 학습한 개념이나 원리 단어를 보여 준 후 약 30초간 기
다린다.

-학생들은 30초간 생각한 후 질문을 만들어 짝에게 질문한다.

전두엽 활성화 단계

-학습 문제 확인 후 학습할 내용을 제시한다.

-학습 내용을 교과서에서 짝과 함께 찾아 공부한다.

-짝의 설명을 들으면서 이해가 되지 않는 부분을 질문한다.

-서로 바꾸어 설명한다.

-친구의 설명을 들으며 의문점이 있으면 질문한다.

-핵심 내용 정리를 마친 팀은 교과서 문제를 해결한다.

-핵심 내용을 잘 정리한 친구가 전체를 상대로 설명한다.

전두엽 정교화 단계

-교사가 중요한 개념이나 원리를 질문하며 총 정리를 해 준다.

-학습 목표나 핵심 성취 기준과 관련 지어 정리해 준다.

-성취 기준과 관련된 형성평가를 한다.

문제 해결 학습 수학 수업

전두엽 깨우기 단계

-지난 시간에 학습한 내용의 문제를 만들어 짝과 바꾸어 풀어 본다.

-서로 확인해 본다.

전두엽 활성화 단계

-학습 문제를 확인한 후 학습할 내용을 찾아본다.

-먼저 문제를 스스로 풀어 본다.

-짝과 함께 풀어 본다.

-모둠끼리 풀어 본다.

-모르는 것은 교사와 함께 풀어 본다.

-수학익힘책을 스스로 풀어 본다.

-짝과 함께 채점을 해 본다. 모르는 것은 선생님께 여쭈어 본다.

전두엽 정교화 단계

-학습 목표나 핵심 성취 기준과 관련 지어 교사가 정리해 준다.

-선생님께서 정리한 내용을 듣고 친구에게 서로 설명해 준다.

-성취 기준과 관련된 형성평가를 한다.

문제 해결 수학 수업 요약 정리

-생각거리 : 해당 차시에 학생들이 해결해야 할 과제를 제시한다.

-생각 열기 : 문제 해결 방법을 혼자 고민해 본다.

-생각 나누기 : 해결 방법을 짝과 함께 서로 가르쳐 준다.

-생각 정리 : 꼭 알아야 할 공식이나 원리, 개념을 확인한다.

-익히기 : 수학익힘책을 풀고 서로 가르친다.

-삶의 적용 : 그 차시에 배운 것, 알게 된 점, 느낀 점, 생활 적용 등을 문장으로 정리한다.

수학 문제 해결 능력을 길러 주려면 외계인 교수법을 활용하는 것이 좋다. 예를 들면 삼각형의 넓이 구하는 방법을 짝끼리, 모둠끼리 서로 해결해 보게 한 다음 안 되는 부분만 교사가 개입을 하는 것이다.

도덕 수업

예화 자료 질문 수업

도입단계

-지난주에 실천한 내용을 친구와 하브루타한다.

-지난 시간에 배운 중요 낱말 2~3개를 보여 주며 문장을 만들게 한다.

-지난 시간에 배운 중요 내용을 친구 가르치기를 통해 상기시킨다.

-이 중에서 한 가지를 선택한다.

전개 단계

-예화 자료를 짝과 함께 교독한다.

-책에 나와 있는 문제를 보고 질문하고 대답하게 한다.(처음 시작할 때)

-예화를 읽고 질문을 5개 이상 만들게 한다.(학습 문제와 관련 있는 질문
1~2개 넣기)

-좋은 질문 1개를 뽑아 질문하게 한다.

-짝을 바꾸어 가며 질문하거나, 혹은 잘된 것 1개를 뽑아 모둠끼리 질
문한다.

-좋은 질문으로 전체 토의한다. 이때 학습 문제와 관련 지어 질문한다.

-질문을 만들 때는 학습 문제(성취 기준)와 관련 있는 것으로 하도록
사전에 지도한다.

정리 단계

-질문을 통해 중요한 내용을 정리해 준다.

-학생들은 공책 정리를 하며 알게 된 내용을 스스로 자기 언어로 기록
한다.

-기록하는 방법은 씽킹맵이나 마인드맵 등 다양한 방법으로 학년에
맞게 하면 된다.

-정리한 것을 친구에게 서로 가르쳐 주기를 한다.

-생활에서 어떻게 실천할 것인지 기록하고 친구에게 말해 준다.(자기
선언)

사회 수업

친구 가르치기 수업

-배울 내용을 주제별로 미리 공부해 온다. 이때 공부한 것을 부모님께
 먼저 가르쳐 보고 오면 더 좋다.

-활동 주제별로 나누어서 서로 가르치기를 한다.

-선생님이 학습 목표와 핵심 성취 기준 중심으로 요약 정리해 준다.

-요약 정리한 것을 보고 형성평가 문제를 만들어 보게 한다. 문제를 만
 들 때 학습 목표와 관련 있는 것으로 하도록 지도한다.

-학습 목표를 중심으로 나만의 공책 정리를 한다. 시간이 부족하면 집
 에서 해 오게 한다.

질문 만들기 수업

-배울 내용을 미리 조사 학습해 오게 한다.

-학습 목표와 관련된 질문을 5개 이상 만들게 한다.

-좋은 질문 1개를 뽑아 짝을 3~4명 바꾸어 가며 질문한다.

-전체를 대상으로 질문하면서 내용을 정리해 준다.

-공책에 학생 스스로 정리한 후 친구 가르치기를 한다.

-시간이 되면 학생들에게 학습 목표와 관련지어 형성평가 문제를 만
 들어 보게 한 뒤 서로 풀어보게 한다.

과학 수업

-짝끼리 '지난 시간에 배운 것 질문 던지기'를 하면서 지난 시간에 배운 내용을 떠올린다.

-짝과 함께 오늘 배울 내용을 보고 학습 문제를 찾아낸다.

-실험 방법을 짝끼리 고민해 본 후 발표한다.

-가능하면 짝끼리 실험하게 한다. 실험 기구가 부족하면 모둠끼리 하지만 역할 분담을 잘해서 무임승차하거나 방관자가 없도록 한다.

-실험 결과를 짝이나 모둠끼리 정리하게 한다.

-교사와 함께 학습 목표와 관련지어 질문으로 정리한다.

-관찰 책에 스스로 자기화해서 정리한 뒤 친구에게 설명해 준다.

-실생활에 어떻게 적용할 것인지 말해 보게 한다.

음악 수업

음악 감상할 때 질문 만들기를 적용해서 하면 풍성한 음악 감상 수업이 이루어질 수 있다.

-음악을 들려주고 궁금한 점에 대해 자유롭게 질문 만들기를 한다.

-짝과 함께 질문 놀이를 하면서 충분히 토론한다.

-여러 친구의 질문 중에서 가장 창의적인 질문으로 전체 토론을 한다.

-전체 질문이 끝난 후 자기의 생각이나 느낌을 적는다.

-짝에게 서로 말해 준다.

-전체적으로 교사가 정리하고 마무리한다.

미술 수업

작품 감상 단원에 질문 만들기를 적용하면 알찬 감상 수업이 이루어질 수 있다.

-완성된 나의 작품을 보고 질문 만들기를 한다.

-스스로 자신의 질문에 대답해 본다.

-나의 생각이나 느낌을 작품 뒷면에 적어 본다.

-짝에게 서로의 그림을 보여 주며 설명한다.

전통 미술 감상 단원 비교 중심 수업

-동양 미술 작품과 서양 미술 작품 2개를 보여 준다.

-두 작품을 서로 비교해 가면서 질문 만들기를 한다. 이때 비교 기준을 알려 주면 질문을 더 잘 만들고 학습 목표에 도달하기 쉽다.

-만든 질문 중심으로 짝과 함께 질문을 한다.

-전체적으로 창의적인 질문을 던지면서 쉬우르를 한다.

-자신의 느낌이나 생각을 정리한 후 짝에게 말해 주고 마무리한다.

이렇게 질문 만들기로 미술 감상 단원 수업을 하면 생각이나 느낌이

훨씬 다양하고 깊이 있게 감상을 할 수 있게 된다. 미술 작품을 보는 안목
이 생기게 되고, 이후에는 미술관에 가면 대충 보지 않고 질문을 하면서
보게 된다.

03
하브루타 수업 지도시 유의점

자리 배치

-2명씩 짝을 지어 앉게 한다.

-학급에서 가장 말이 잘 통하는 친구와 앉게 한다.

-교우 관계가 좋고 소통하는 학급을 만들려면 짝을 수시로 바꾸는 것
 이 좋다.

-아이들의 불평을 줄이려면 짝을 바꾸어 돌아가며 질문하고 토론하는
 것이 좋다.

질문과 대답의 원칙

-친구가 무슨 질문을 하든 성실하고 진지하게 답한다.

-친구가 이해하지 못하면 쉬운 말로 다시 질문한다.

-질문을 받으면 꼭 진지하게 생각하고 답변한다.

-설명이 긴 질문은 여러 개의 작은 부분으로 나누어 질문하거나 답변한다.

-답변자가 답변을 하지 못하면 더 쉬운 내용으로 바꾸어 질문한다.

-해결이 어려운 질문이나 서로 모르는 내용은 선생님께 도움을 요청한다.

-친구의 눈을 바라보며 경청하는 자세가 가장 중요하다.

-친구의 대답에 공감해 준다.

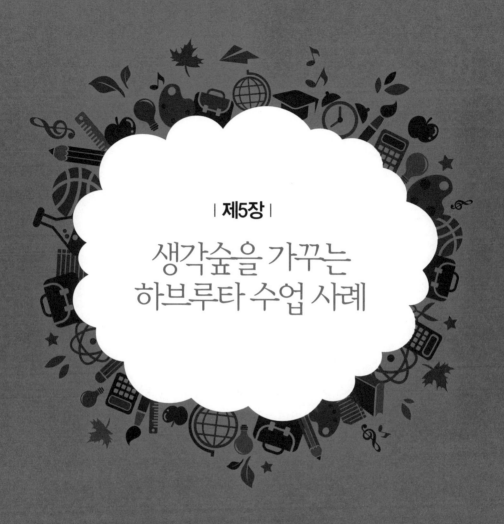

| 제5장 |

생각숲을 가꾸는
하브루타 수업 사례

01
생각숲을 가꾸는
질문식 수업

행복 단계

먼저 감성지수를 올려 주어 행복한 기분을 만들어 마음을 열게 한다. 사람은 행복해져야 마음이 열린다. 다른 사람과 소통이 되어야 대화도 하고 싶고, 질문도 하고 싶은 마음이 생기고, 학습 효과도 높다.

짝과 함께 간단한 손동작을 하면서 짝을 칭찬해 주거나 아침에 감사한 내용을 서로 말해 준다. 주로 하는 활동은 다음과 같다.

-짝 얼굴 보고 서로 칭찬해 준다.

-짝에게 오늘 감사한 일이 무엇인지 질문한다.

-오늘 짝의 빛나는 미덕을 찾아 준다.

-짝과 마주 보고 박수를 치는데, 내 손뼉 한 번 짝 손뼉 한 번, 내 손뼉

두 번 짝 손뼉 두 번, 이렇게 열 번까지 한 다음에 "하브루타 파이팅
~!" 하고 먼저 외친다.

-짝과 손을 잡고 마주 보며 다음과 같이 큰소리로 말한다.

"친구가 내 짝이라서 살맛이 난다."

"친구가 내 짝이라서 기분이 좋아."

"친구가 내 짝이라서 행복해."

"친구가 내 짝이라서 감동이야."

"친구가 내 짝이라서 영광이야."

"친구가 내 짝이라서 감사해."

-학습 주제와 관련된 노래를 부르며 손 유희를 한다.

'숲속 작은 집 송아지 / 아무것도 모르는 송아지 / 송! 아! 지!' 등으로
다양하게 응용할 수 있다.

도입 단계

뇌를 깨우고 호기심을 주어 학습 동기를 일으키는 과정으로 머리로 생
각할 수 있는 간단한 활동을 하면 된다. 학습 주제에 따라 다양하게 할 수
있다. 필자가 주로 하는 활동은 다음과 같다.

끝말잇기

지난 시간에 감사의 중요성에 대해 배웠으면 감사로 시작해서 끝말을
이어 간다.

하얀 거짓말

지난 시간에 배운 내용을 말하는데 3가지는 진실을 말하고 1가지는 거짓을 말한다. 예를 들어, 삼각형의 성질에 관해서 배웠다면 다음과 같은 식으로 내용을 제시하며 거짓을 찾는다.

① 세 변을 가지고 있다.
② 꼭짓점이 3개다.
③ 각이 3개다.
④ 각이 4개다.

다섯고개놀이

스무고개놀이의 축소판으로 진행한다.

두 낱말 – 논리 게임

두 낱말을 넣어 문장을 만들어 짝끼리 주고받는 활동이다. 예를 들어, '하브루타'와 '한국'을 넣어 문장을 만들어 본다.

왜? 게임

'왜?'를 넣어 질문하며 다음과 같이 대화를 계속 이어 나간다.
- "왜 핸드폰을 사면 안 될까?"
- "공부하는 데 방해가 되어서…."
- "왜 공부하는 데 방해가 될까?"
- "어떤 내용이 올라왔는지 궁금해서 자꾸 보게 되니까…."

-"왜 자꾸 궁금해질까?"

초성 게임

학습 문제와 관련 지어 글자의 초성만 보여 주고 오늘 공부할 문제를 찾는다.

전개 단계

텍스트 읽기

읽을 때는 손가락을 짚어 가며 소리 내어 읽도록 한다. 중요한 낱말이나 뜻을 모르는 낱말, 중요한 문장에는 줄을 그어 가며 읽는다.

읽은 내용 메타 인지(정교화)하기

읽은 내용을 짝에게 서로 말해 주며 제대로 읽었는지 확인하며 글의 내용을 머릿속에 정리한다.

질문 만들기

질문을 만들 때는 사실, 심화, 적용 질문 등 다양하게 만든다.
-질문 개수는 교사가 수업을 어떻게 디자인하느냐에 따라 다르다.
-만든 질문을 짝과 바꾸어서 서로 창의적인 질문에 ★를 해 준다.
-짝에게 돌려준다.
-자기 질문 중에 친구에게 물어보고 싶은 질문에 ○ 한다.

짝과 토론

나누고 싶은 질문을 1개 선택한 다음에 서로 질문한다.

모둠 토론 및 짝 교환 토론

모둠에서 선택한 질문 1개로 서로 질문한 후 내용을 각자 정리하여 발표한다. 그 다음에 모둠의 좋은 질문을 뽑아 모둠칠판에 적어서 함께 붙여 두고 가장 좋은 질문을 뽑는다.(주제에 따라 최고의 질문을 선택해서 할 수도 있다.)

정리 단계

학습 문제와 관련지어 전체 쉬우르를 하면서 학습 내용을 정리한다. 선생님과 정리한 내용을 자기 언어로 스스로 공책에 정리한 후 짝에게 설명해 주기를 한다. 생활에 어떻게 적용할지를 서로 말해 주고, 미덕으로 칭찬해 주며 마무리한다.

영상 보고 질문 수업

6학년 도덕 「배려하고 봉사하는 우리」 단원 1차시를 수업할 때 배려와 관련된 짧은 영상 자료를 보여 주고 질문 만들기를 적용하였다.

먼저 '배려' 하면 떠오르는 말을 짝과 함께 주고받으며 적게 한 뒤 번개 발표를 시키면서 다른 친구들의 의견을 적게 한다. 공부할 문제를 찾아

보고 교사가 칠판에 적을 때 아이들은 학습지에 적는다. 아이들에게 공백의 시간을 주지 않고, 학습 문제가 무엇인지 확실하게 알고 시작하는 것이 중요하기 때문에 이 활동을 꼭 한다.

영상을 보고 난 뒤 자료의 내용을 간단하게 서로 이야기해 주고 질문을 만들면 더 좋다. 질문은 5개 정도 만든다. 처음 시작할 때는 1시간을 질문 만드는 것으로 하면 된다.

친구의 질문을 읽어 보고 ★를 해 준다. 자기가 봐서 창의적인 질문에 ○를 하고 질문 놀이를 한다. 질문 놀이를 할 때는 서로 답변하고 재질문을 하면서 자유롭게 토론한다.

질문 놀이가 끝난 후 교사와 전체적으로 정리를 한 다음에 스스로 정리하게 한다. 교사는 주제와 소주제만 적어 주고 나머지는 아이들이 스스로 적게 한다. 적은 내용을 짝에게 설명해 주며 부족한 부분은 다른 색깔 펜으로 보충한다.

5. 배려하고 봉사하는 우리

(6)학년(3)반(

♣ (1) 배려와 봉사의 소중함

승부보다 더 소중한 스포츠정신을 나눈 선수

1. "배려"하면 생각나는 말을 짝과 함께 말해 봅시다.
실천, 양보, 칭찬, 친구, 행복, 존중, 도움, 양심, 봉사, 사람, 우정, 복식, 인간 관계, 보살핌

2. 공부할 문제 - 배려와 봉사의 중요성 알고 실천해 봅시다.
활동① - 배려와 봉사의 중요성 알기
활동② - 실천하기

3. 올림픽 영상자료를 보고 배려의 의미와 중요성을 생각하면서 질문을 만들어
봅시다.

(1) 미국선수가 뉴질랜드 선수를 일으켜준 까닭은? - 뉴질랜드선수를 배려하고 싶었기 때문이다.
(2) 뉴질랜드선수의 감정은? - 미국선수에게 미안하기도 하고 도와줘서 고맙다.
(3) 배려란 무엇입니까? - 남을 위해 양보하는 것.
(4) 배려의 중요성은 무엇일까요? -

4. 알게 된 내용(다양한 방법으로 정리해 봅시다.)

5. 생활 실천 친절하게 다가가려고 노력할 것이다. 양보하는 습관을 기르겠다.
앞으로 공부시간에 쓸데 없는 말을 하지 않겠다.

그림 보고 질문 수업

6학년 「통일」 단원으로 남북한이 통일이 되고 나서의 문제점과 해결 방법을 찾는 내용으로 질문 수업을 했다.

먼저 짝 질문과 모둠 질문으로 알아보도록 한다. 통일 후 나타날 수 있는 문제점에 대해 스스로 생각해 본다. 그러고 나서 짝에게 질문하며 다양한 문제점을 찾은 다음 모둠친구에게 질문하면서 더 많은 문제점을 찾도록 한다.

교과서에 나오는 대로 강의식으로 가르친다면 남북 통일 이후의 문제점은 다음 3가지이다.

-소득격차가 심해질 것이다.

-언어의 차이로 말뜻을 잘 모르는 것이 있을 것이다.

-문화의 차이로 힘든 것이 있을 것이다.

하지만 질문을 주고 스스로-짝-모둠의 지혜를 모으니 다음과 같이 다양한 문제점이 나왔다.

-국기가 다르다.

-차별 대우가 생긴다.

-북한이 민주주의를 거부할 수 있다.

-통일비용이 많이 들어 나라가 어려워질 수 있다.

-서로 말이 안 통하는 것도 있을 것이다.

-대통령을 새로 뽑을 수 있다.

-세금이 오를 것이다.

-법이 서로 달라 힘들 것이다.

-생활방식이 달라 충돌할 수 있다. 빈부격차가 심할 것이다.

-애국가가 달라 문제일 것이다.

이처럼 아이디어를 모으는 협력 수업, 집단지성의 힘은 크다. 이런 식으로 수업을 진행하면 21세기 핵심 역량인 공동체 역량, 의사소통 역량을 기를 수 있다.

다음 활동으로는 통일 후 생긴 문제점을 해결하는 방법에 대해 스스로 고민해 보게 했다. 이 활동의 수업 방법은 다음과 같다.

통일 후의 문제점에 대해 학생 스스로 생각해서 적어 본다. 그런 후 어깨 짝에게 질문을 하여 서로의 생각을 교환하여 적는다. 다음으로 뒤의 짝에게 질문하여 서로의 생각을 공유하고 뒷대각선 짝에게 질문하여 또 다른 해답을 듣고 메모를 한다.

이렇게 모둠 친구들에게 질문을 다 한 후에 전체 쉬우르를 한다. 이때 친구들의 생각을 경청하며 다른 색깔 펜으로 보충을 하고, 알게 된 내용과 생활에서 실천할 내용을 학생 스스로 자기 언어로 정리하고 수업을 마무리한다.

통일후의 문제점을 극복해요

♣. 전시학습상기-통일을 했을 때의 좋은 점을 이야기 해 봅시다.

남북한 언어비교

북한	남한
가락지빵	도넛
일없다	괜찮다
맞내기	조미료
발통구이	족발구이

남북한 소득격차 자료:통계청

남한 1,441.1조원
42.6배
북한 33.8조원

1.공부할 문제:통일이 되면 나타날 문제점과 해결방법 알아보기

---

2. 통일 후 나타날 수 있는 문제점(어려운 점)에는 무엇이 있을까요?

•차별대우가 생길수 있다. •북한은 민주의를 따르려하지 않을수도 있다

•비용이 많이 들어 나라가 어려워질수 있다 •서로 말이 통하기 않을수 있다.

•대통령을 서로 뽑아야할 수 있다 •문화적차이 •소득차이 •세금↑ •법도 다름

•국기문제 •생활방식 충돌 •생각구이 •빈부탁차 •애국가

---

3. 통일 후 나타날 문제점을 해결할 수 있는 방법을 토론해 봅시다.

나의 생각	친구1생각	친구2생각	친구3생각
▪소득이 적은 북한인들을 위해 3달씩 도와주자. ▪언어가 편하고 좋은 것으로 통일한다. ▪	▪법을 정한다 ▪언어를 통일 ▪둘다 사랑한다	▪차별하지 않고 동등하게 지낸다. ▪북한사람에게 일자리 ▪서로의 말을 배운다.	▪국어사전을 새로 만든다 ▪북한에 돈 기부 ▪서로문화 배우기

---

5. 알게 된 내용(다양한 방법으로 정리해 봅시다.)

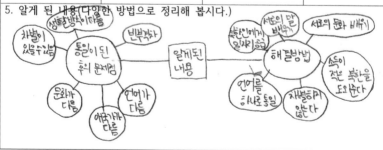

차별이 있을수있음 / 생활방식이다름 / 빈부격차 / 통일이된 후의 문제점 / 문화가 다름 / 애국가가 다름 / 언어가 다름 / 알게된 내용 / 서로의 말 배움 / 북한인에게 일자리줌 / 서로의 문화 배우기 / 해결방법 / 소득이 적은 북한을 도와준다 / 언어를 새로운통일 / 차별하지 않는다

02
비판적 사고력을 키우는
토론 수업

하브루타에서 말하는 토론 수업은 찬반 토론 수업으로 디베이트와는 조금 다르다. 디베이트는 토론자, 판정단, 방청객 등이 있지만 하브루타 토론 수업은 토론자만 있다. 판정은 스스로 한다.

하브루타 토론 수업에서는 모든 학생이 열띠게 토론을 한다. 하브루타 토론은 구성원이 주거니 받거니 하면서 대안을 찾아가는 발전적인 토론이다. 그래서 국어, 도덕, 사회 수업 시간에 활용하기에 아주 좋은 수업 방법이다.

토론을 하기 전에 찬성 측과 반대 측의 자료를 충분히 찾아야 토론의 효과가 크므로 과제로 양측에서 주장하는 내용을 모두 찾아서 입론을 적어 오게 한다. 입론 자료가 준비되면 가위바위보를 해서 찬성 측과 반대 측 입장을 정한다.

먼저 찬성 측에서 주장을 하고 반대 측 친구는 찬성에서 주장하는 내용을 잘 듣고 반박할 내용을 기록한다. 다음은 반대 측에서 자신의 주장을 하고 찬성 측 친구는 경청하며 반박할 내용을 메모한다. 그런 다음에 반대 측 친구가 먼저 질문으로 반박을 하고 이어서 찬성 측 친구가 반박하는 식으로 서로 주거니 받거니 반박을 한다.

초등학교는 1시간 수업이 40분으로 짧기 때문에 토론 시간을 길게 주기 어렵지만 시간이 넉넉할 때는 충분하게 시간을 주고 토론하게 하는 것이 좋다.

다음은 찬성 측과 반대 측이 서로 입장을 바꾸어서 같은 방법으로 토론한다. 짝 토론이 끝나면 모둠 토론을 한다. 짝끼리 입장을 정해서 2:2 토론을 하는 것이다. 이때는 입론 내용을 짝 토론한 내용을 바탕으로 다시 정리하고 나서 하는 것이 더 좋다.

방법은 1:1 토론과 비슷하다. 먼저 찬성 측 A가 주장하고 반대 측 B는 잘 듣고 반박할 내용을 메모하며 준비한다. 다음에 반대 측 A가 주장하고 찬성 측 B는 반박할 내용을 메모하며 잘 듣는다. 반대 측 B가 먼저 질문으로 반박하고 이어서 찬성 측 A가 반박하는 식으로 서로 주거니 받거니 반박을 한다. 시간이 되면 찬반 입장을 바꾸어 같은 방법으로 한다.

이렇게 입장을 바꾸어 토론을 하면 좋은 점은 양쪽 입장을 다 생각해 보게 되어 생각의 폭이 넓어지고, 남의 입장을 이해하게 되며, 확산적인 사고를 할 수 있게 된다는 것이다.

토론 방법 요약

-나와 상대가 주장할 것에 대한 관점이나 기준을 정한다.

-내가 끌고 가고자 하는 개념을 명확하게 한다.

-내가 주장하고자 하는 개념에 해당하는 예시 자료를 찾는다.

-상대방에게 반박할 자료(예를 들 수 있는 자료)도 충분히 찾는다.

-상대방의 말을 잘 듣고 그 내용에 대해 질문으로 반박한다.

-내가 정한 개념을 먼저 제시하면서 시작한다.

-상대가 정한 개념을 질문으로 파악한다.

-상대의 주장을 기록하면서 허점을 찾아 공격한다.

-나의 주장과 근거를 짧게 요약하고 상대의 허점과 나의 논리적 강점을 말하면서 마무리한다.

-교사가 결론을 내지 않고 학생 스스로 판단해 보도록 한다.

-승자, 패자를 가리지 않는다. 모두 자기가 승자라고 생각하면 된다.

40분 수업 시 적절한 토론 시간

1:1 토론
찬성 주장(1분)-반대 주장(1분)-교차 질의(2분)

2:2 토론

찬성 A 주장(1분)-반대 A 주장(1분)-전원 교차 질의(2분)-찬성 B 주장
(1분)-반대 B 주장(1분)-전원 교차 질의(2분)

하브루타 토론 수업을 깊이 있게 생각하고 배움이 일어나게 하려면 재
구성을 하면 된다. 먼저 학습 문제에 맞는 텍스트를 하나 정한다. 1차시
는 개념과 의미를 생각하며 질문을 만들어 질문 놀이를 하고, 2차시는 토
론 주제를 찾아 찬반 토론을 하고, 3차시는 에세이나 주장하는 글을 쓰는
것으로 한다.

도덕과 국어를 재구성한 수업 사례

단원
6학년 도덕 5단원 「배려하고 봉사하는 우리」
국어 3단원 「적절한 근거」, 6단원 「타당한 주장」

내용 성취 기준
도덕-함께 살아가는 주위 사람들에 대한 공감과 배려의 필요성을 안다.
국어-적절한 이유나 근거를 들어 주장하는 글을 쓴다.

학습 문제

1차시-배려의 의미와 중요성을 알아봅시다.

2차시-올바른 배려가 무엇인지 판단해 봅시다.

3차시-적절한 근거를 들어 글을 쓰는 방법을 알아봅시다.

4차시-적절한 근거를 마련하여 주장이 드러난 글을 써 봅시다.

망치 좀 빌려주세요

어느 젊은 부부가 새 집으로 이사를 왔습니다.

"집 단장을 예쁘게 해 볼까요?"

"여보, 우선 벽에 액자부터 달까요?"

남편은 이곳저곳 못을 박았습니다. 그런데 망치가 뚝 부러지고 말았습니다.

할 수 없이 옆집에 빌리러 갔습니다.

"누구시오?"

"옆집에 이사 온 사람입니다. 망치 좀 빌리러 왔습니다."

옆집 남자는 문을 빼꼼 열더니 말했습니다.

"망치요?"

"네. 못을 박다가 그만 망치자루가 부러져서요."

옆집 남자는 입을 삐죽이 내밀더니 못마땅한 표정으로 말했습니다.

"난 목수요, 목수한테는 이 망치는 목숨과도 같은 겁니다. 예전에 친한 사람에게 빌려주었다가 잃어버려 큰 손해를 보았소. 그런데 당신은 생판 모르는 낯선 사람인데 내가 어떻게 빌려주겠소?"

젊은이는 실망하고 돌아갔습니다.

며칠이 지났습니다.

"똑똑똑!"

이번엔 옆집 남자가 젊은이 집에 삽을 빌리러 왔습니다. 젊은 남편은 원래 누구에게나 친절하지만 웬일인지 옆집 남자와는 말하기 싫었습니다.

남편은 순간 갈등이 되었습니다.

어떻게 했을까요?

하브루타 질문·토론 학습지(2~4차시용)

1. 들어가기: 중요한 단어, 문장, 떠오르는 단어 적어 보기
2. 사실 질문(글 속에 나와 있는 내용)
3. 상상 질문(본문에는 나오지 않지만 읽어 보면 알 수 있는 것이나 상상한 것)
4. 적용 질문(나, 다른 사람에게 견주어 보는 질문)

5. 느낌이나 생각을 다양한 방법으로 표현해 보기

6. 토론 주제 정하기

7. 토론 전 나의 생각

8. 토론하기

( ) 입론	( ) 입론

9. 토론 후 나의 생각

10. 적절한 근거를 마련하여 주장이 드러난 글쓰기

03
최고의 공부법
-친구 가르치기 수업

　친구 가르치기 하브루타 수업은 가르치고 배울 범위를 정하고 나서 그것을 철저하게 공부해 온 다음에 서로 가르치고 배우는 수업이다. 짝의 수준은 비슷한 경우가 좋다. 서로 실력이 비슷하면 손해나는 느낌 없이 치열하게 서로 질문하고 답하면서 공부할 수 있다.

　친구를 가르칠 때 어떤 방법으로 가르칠 것인지 먼저 고민해 보고, 친구가 쉽게 이해하도록 그림이나 도표 등을 활용하여 가르칠 수 있도록 한다. 설명을 듣는 학생은 내용을 들으면서 생기는 질문을 수시로 하면 된다. 친구 가르치기 수업은 교사가 수업 시간에 자료를 따로 준비하지 않고도 학생들이 확실한 배움을 갖는 수업으로 학습 효과가 아주 높다.

친구 가르치기 수업 사례

단원

사회 5학년 「4. 삼국통일과 발해의 건국」

내용 성취 기준

유물과 유적을 통해 삼국, 통일신라와 발해 사람들의 생활 모습을 설명할 수 있다.

학습 문제

발해 문화재의 특징을 알아봅시다.

발해의 문화재

발해 석등

중국 흑룡강성 영안현 동경성에 있는 발해 시대에 만들어진 석등. 발해의 옛 도읍지였던 상경성 절터에서 발견되었다. 현재 원래 세워졌던 그 자리에 그대로 남아 있다. 절에서 불을 밝히기 위해 세운 것으로, 현무암으로 만들었으며 높이는 약 6.3m이다.

석등에는 돌로 큰 연꽃을 조각하였는데 매우 강하고 힘차다. 이 모습은 고구려 미술의 특징과 비슷하여 발해가 고구려의 미술 양식을 이어 받았음을 알 수 있다. 발해 석등은 전체적으로 크고 안정감을 보이면서 매우 균형 있는 모습을 하고 있다.

발해의 미술 솜씨와 조각 솜씨를 알 수 있는 중요한 문화재이며 발해의 역사와 문화를 연구하는 귀중한 자료이기도 하다.

팔보유리정

고구려의 우물 방식을 이어 받은 발해 시대의 팔각형 돌우물(중국 닝안 소재).

궁성의 제2궁전터 동쪽, 오늘의 발해진에서 삼릉향으로 통하는 옛날 길의 길가에 발해의 왕과 왕족들이 사용했다는 우물이 있다. 팔보란 팔각이란 뜻이다. 지금은 '팔보유리정'이라고 불리는 이 우물은 1963년에 원래 모양대로 복구한 것이다.

건축 방식이 특유하여 1개의 못도 사용하지 않았지만 그 맞물림이 아주 견고하고 정밀하다. 우물 주위는 보드라운 회백색 현무암을 잘 다듬어서 쌓았는데 지금까지 완전한 형태로 남아 있다.

선생님 놀이 1 방법

-활동 1, 2로 나누어 공부한다.

-다양한 자료를 찾아 나름대로 가르칠 방법을 생각한다.

-충분하게 공부하고, 확실하게 알고 가르친다.

-배우는 친구는 궁금한 것을 질문한다.

-모르는 것은 선생님께 도움을 요청한다.

-전체 종합 정리는 교사와 함께 한다.

선생님 놀이 2 방법

활동 1, 2로 나누어서 공부하고 가르치니 자기가 가르친 것은 더 잘 알고 친구한테 배운 것은 배움이 덜 일어났다. 그래서 선생님 놀이 2 방법을 연구하게 되었다. 이 방법을 적용하니 확실히 학업 성취도가 높게 나타났다.

-가르칠 내용을 활동 1, 2로 나누지 않고 모두 공부한다.
-A가 먼저 가르친다.
-B는 배우면서 궁금한 것을 질문한다.
-교대해서 B가 가르친다.
-A가 궁금한 것을 질문하면서 배운다.
-모르는 것은 선생님께 도움을 요청한다.
-학습 문제와 관련해서는 교사와 함께 정리한다.
-배운 내용을 스스로 노트에 정리한다.

이렇게 하면 배운 내용을 확실하게 알 수 있다. 자신이 무엇을 모르는지 확인할 수 있는 메타 인지 시간이 되며, 자신의 배움을 스스로 정리할 수 있는 시간도 되기 때문에 아주 좋은 방법이다.

04
이해하기 쉬운
비교 중심 수업

    비교 중심 수업은 수업을 할 때 상반되는 내용의 그림이나 사진 영상을 이용하여 비교하는 수업이다. 내용이 반대되는 그림이나 영상을 보여주고 서로 비교하면서 질문을 만들도록 한다. 비교하는 기준을 찾아보게 한 다음 질문을 만들도록 하면 더 창의적인 질문을 만들 수 있다. 상반되는 내용이기 때문에 내용에 대한 이해가 쉽고 질문도 더 창의적이며 학업 성취도가 훨씬 높게 나타난다.

비교 중심 수업 사례

내용

도덕 5학년 '정보 사회의 장단점을 알고 정보통신 윤리 지키기'

학습 목표

정보화 사회의 장단점을 알고 정보통신 윤리를 지킬 수 있다.

A 그림은 정보 통신 기기를 바르게 활용해서 화상회의를 하는 사진이고, B 그림은 컴퓨터 게임에 빠져 엄마와의 약속 시간을 어기고 계속 게임만 하다가 혼나는 장면이다. 이 두 장면을 잘 비교해 질문을 만들고 질문 놀이를 하면서 학습 목표에 도달하게 하는 수업을 하였다.

수업 순서는 질문식 수업과 같다. 교사는 정리할 때 써클맵 안의 주제어만 적어 주고 나머지는 아이들이 스스로 다 하게 한다. 나만의 언어로 정리해서 자기화함으로써 스스로 문제를 해결하는 능력을 기를 수 있다.

전두엽을 돌려 볼까요?

(5)학년(   )

♣. "정보사회의 두 얼굴"이라는 구절을 이용하여 질문을 만들어 질문 놀이를 하여 봅시다.

1.학습문제- 정보사회의 장단점을 알고 정보통신 윤리를 자립시다.

2. "정보사회의 두 얼굴" 하면 떠오르는 낱말이나 나의 경험을 적어 봅시다.

       매일 다른나라에 가서 친해지고 말을 할 수 없기 때문에 화상형을 한다.

3. 질문을 만들어 봅시다.

① 위의 A 그림을 보아, 정보 사회의 단점은 무엇이라고 생각하나요?

② 위의 B 그림을 보아, 정보사회의 단점은 무엇이라고 생각하나요!

③ A그림에서 화상회의를 하면 좋은 이유는 무엇일까요?

④ 내가 만약 B 그림 아이의 부모라면 어떤 생각이 들을까요?

⑤ 위의 A,B 그림을 보아, 정보 사회의 두 얼굴을 잘 활용 방법은 무엇일까요!

4. 알게 된 내용(다양한 방법으로 정리해 봅시다.)

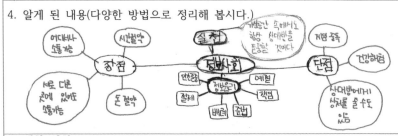

5. 생활 실천

      사이버 공간에서 다른 사람들을 비하하지 않고 올바르고 정직한 태도로 여물할 것이다.

05
완벽한 시험 대비
−문제 만들기 수업

　문제 만들기 수업은 단원 정리나 평가를 대비해서 스스로 공부할 때 적용하면 좋은 방법이다. 먼저 배운 내용을 기초로 각자 문제를 만든 다음 짝에게 질문하면서 서로 배운 내용을 정리하고 모르는 것을 다시 알아 가는 방법으로 적용한다.

　도덕 3학년 「나라 사랑」 단원에서 알아야 할 지식적인 내용이 있어서 5차시로 늘려서 배운 내용으로 문제를 만들고 짝과 함께 풀어 보게 하였다.

　학생들이 교사의 입장이 되어 기말고사 문제를 출제한다고 생각하고 문제를 만들어 보라고 했더니 내용을 구체적으로 파악하고 만들려고 노력했다. 문제를 만들 때는 사지선다형은 빼고 단순한 것보다 생각하고 고민해야 하는 문제를 만들게 하였다.

  -교재 범위 철저하게 공부하기

  -문제 만들기(서술식)

  -둘씩 질문하기

  -짝과 좋은 문제 2개 골라내기

  -모둠별로 질문하기

  -모둠에서 좋은 문제 골라내기

  -골라낸 문제를 전체적으로 묻고 답하기

  -쉬우르

　　문제 만들기 수업은 모든 교과 단원 마지막 차시에 정리할 때 적용하면 학습 효과가 아주 탁월하다. 단원평가를 하기 전에 문제 만들기 수업을 하고 나서 좋은 문제를 한 가지씩 제출하라고 한 다음에 편집해서 단원평가지로 만들면 좋다. 학생들이 만든 문제들로 구성되어 동기가 활성화되고 학습 효과와 집중도가 높아진다. 또한 문제를 만들면서 저절로 내용 공부를 하게 되어 일석이조의 효과를 거둘 수 있다. 문제를 만들면서 자기가 부족한 부분이 무엇인지 알고 스스로 보충 학습도 하게 된다. 그래서 단원평가, 중간고사, 기말고사를 대비할 때 스스로 학습하기에 좋다.

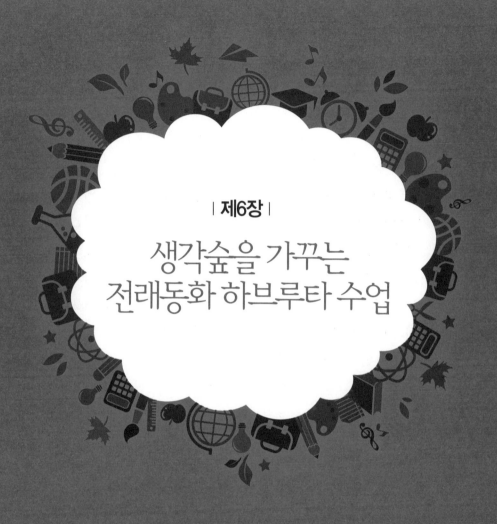

| 제6장 |

생각숲을 가꾸는
전래동화 하브루타 수업

전래동화는 옛날부터 입에서 입으로 전해 내려오는 이야기이다. 여러 사람의 입을 거치면서 일부 내용은 달려져도 전하고자 하는 주제는 다르지 않다. 아이들은 여러 편의 전래동화를 들으면서 인과 관계를 이해하고 추론하는 능력을 기를 수 있다. 현실과 상상의 세계를 넘나들기 때문에 상상력과 창의성을 키울 수 있어서 좋다.

전래동화를 읽어 주거나 들으면 아이들은 바로 이야기의 흐름을 이해하고 자기 세계를 만들어 낸다. 전래동화는 아이들의 인성을 책임지는 훈장 선생님이라고 해도 과언이 아닐 만큼 인성 지도에 좋은 책이다.

전래동화는 마력을 가지고 있다. "엄마 말 잘 들어라.", "정직해라.", "동생과 싸우지 마라." 등 수십 번 잔소리하는 것보다 전래동화 한 편을 들려주는 것이 더 효과적이다. 아이가 스스로 교훈을 얻고, 스스로 바르게 판단하고, 스스로 행동을 고치게 한다.

전래동화로 2학년 창의적 체험 활동 인성 수업을 하였다.

질문 수업을 처음 시작할 때는 항상 질문 수업의 필요성과 질문을 만드는 방법 등을 먼저 오리엔테이션한 후에 수업에 적용해야 아이들이 거부감 없이 수업을 받아들인다. 2학년 아이들에게도 처음에 왜 이런 질문식 수업을 해야 하는지에 대해 설명한 후에 질문 만드는 연습을 1시간 동안 하였다.

먼저 간단한 이야기인 「개미와 비둘기」를 들려주고 한 번 더 읽은 다음 질문 만들기를 하게 했다. 처음이라 힘들어하는 아이가 많았다. 하지만 포기하지 않고, 잘하지 못하는 아이에게는 질문 만드는 방법을 가르쳐 주면서 천천히 해 나갔다.

세 번째 동화로 수업할 때쯤 되니 대부분의 아이가 쉽게 질문을 만들고 수준 높은 다양한 질문이 나오기 시작했다. 아이들의 능력을 과소평가하면 안 된다는 걸 느끼며 아이들이 대견스럽고 기특해서 스스로 감동받기도 했다. 물론 여전히 질문 만들기를 어려워하는 아이들도 있었다. 그런 아이들은 짝 친구의 도움을 받아 질문을 1개만 만들어 질문 놀이를 하게 했다.

질문 놀이를 할 때 짝을 바꾸어 가면서 하다 보면 말을 별로 하지 않던 아이도 한 파트를 지나가고 나면 말할 용기가 생겨서 말을 하는 모습을 볼 수 있었다.

짝을 바꾸어 가면서 질문을 하면 여러 가지 좋은 점이 있다. 먼저 마음에 들지 않는 짝이 되었을 경우에도 고정된 짝이 아니라서 불평이 별로 없고, 여러 명의 다양한 생각을 듣게 되어 사고의 폭이 넓어져서 아이의 생각나무가 더 잘 자랄 수 있다.

하브루타의 원리 중에 '하나를 깊게 파고들라.'는 말이 있다. 그래서 전래동화 하브루타 수업도 동화를 읽고 느낌을 말하고 끝내는 것이 아니라 다양한 활동으로 깊이 생각해 보게 하고 실천에 옮겨 보게 하는 수업으로 진행하였다.

01
배려 미덕을 깨워요!
─여우와 두루미

『성경』에 나오는 황금률과 『논어』에 나오는 역지사지를 떠올리게 하는 내용으로 인성 지도에 아주 좋은 동화이다.

다른 사람을 배려할 줄 모르는 아이, 자기 입장만 생각하고 말하는 아이들에게 스스로 자신을 돌아보게 하는 시간이 되었다.

여우와 두루미

숲속에 여우와 두루미가 살고 있었어요. 어느 날 여우가 두루미를 집으로 초대했어요. 여우는 넓적한 접시에 맛있는 수프를 담아서 내며 권했어요.

"두루미야, 맛있게 먹어!"

두루미는 긴 부리로 접시 위의 수프를 열심히 쪼았으나 먹을 수가 없었어요. 여우는 두루미가 먹지 못하는 수프까지 싹싹 핥아 먹었어요. 두루미는 화가 나서 집으로 돌아갔어요.

두루미의 마음은 어떠했을까요?

며칠 후 두루미가 여우를 초대했어요. 두루미는 긴 호리병에 맛있는 고기음식을 담아서 상을 차려 왔어요.

"여우야, 네가 좋아하는 고기음식이야. 맛있게 먹으렴."

두루미는 긴 부리로 호리병 속의 음식을 맛있게 먹었으나 여우는 먹을 수가 없었어요. 그러자 두루미가 여우의 고기까지 맛있게 먹어 치웠답니다.

여우는 어떤 마음이었을까요?

전래동화 수업은 대략 다음 순서로 한다. 정해진 모형은 아니니 교사가 재량껏 수정, 변경해도 된다.

-먼저 이야기를 들려준다.

-학습지를 내준 다음 다시 스스로 읽게 한다.

-짝과 함께 읽은 이야기를 서로 나눈다.

-남과 다른 창의적인 질문을 만든다.

-경청의 미덕을 깨우며 질문 놀이를 한다.

-후속 활동을 다양하게 한다.

-짝과 함께 배운 내용을 서로 공유한다.

1차시

교사가 먼저 동화를 들려준 다음에 학습지를 준다. 아이들에게 직접 읽게 한 다음 내용을 짝에게 들려주게 하는데, 경청과 메타 인지를 확인하기 위해서이다. 짝끼리 서로 이야기를 들려준 다음 질문 만드는 방법을 머릿속에 한 번 더 떠올려 본 후 질문을 5개 이상씩 만들도록 한다. 질문을 미리 만들고 나서 장난치는 것을 방지하기 위해 질문을 계속 만들게 한다. 질문을 만들수록 생각뇌가 좋아진다고 격려를 해 주면 아주 잘 만든다.

그러고 나서 알게 된 내용이나 기억나는 장면을 즉흥극으로 표현하게 하고 마무리를 한다. 혹은 짝에게 알게 된 내용을 설명해 주고 마무리를 해도 된다.

2차시

질문 만든 것을 짝과 바꾸어 보고 짝의 질문을 읽어 보면서 배운다. 이때 대충 읽는 것을 예방하기 위해 창의적인 질문에 ★를 해 주게 한다. 짝에게 학습지를 돌려주고 자기가 생각할 때 좋은 질문 또는 다른 친구에게 질문해 보고 싶은 것에 ○를 한다. 그런 다음 질문 놀이 규칙을 한 번 더 되뇌이고 질문 놀이를 한다. 한 팀당 2~3분 하브루타하고 나서 짝을 바꾼다. 4명 정도 바꾸는 것이 적당하다.

질문이 끝나면 자기 자리로 돌아와서 자기 질문에 대한 친구들의 대답을 1~2줄 문장으로 정리한다. 그 다음에 교사와 쉬우르를 한다. 알게 된 내용을 스스로 정리하고, 생활에 어떻게 실천할 것인지 짝에게 선언을 한 다음 수업을 마무리한다.

3차시

후속 활동으로 생각 너머 생각 키우기 단계로서 더 깊이 있는 주제를 주어서 그림이나 글로 표현해 보도록 한다. 2차시에 질문 학습을 충분히 하고 나면 3차시에 다양한 아이디어가 나온다.

여우와 두루미가 사이좋게 지내는 방법을 그림으로 그려서 짝에게 설명해 주기를 한다. 아이들의 생각머리는 어른처럼 굳어 있지 않고 말랑말랑하다. 아이들이 제안한 여우와 두루미가 사이좋게 지내는 방법은 다음과 같다.

- 여우가 먼저 자기 집으로 초대해서 두루미에게는 긴 호리병에 음식을 담아서 내주고 자기는 접시에 담아 먹으면서 지난번 일을 사과하고 앞으로는 배려를 잘하겠다는 이야기를 나눈다.
- 여우 집에는 긴 호리병을 사다 놓고 두루미 집에는 접시를 준비해 두었다가 서로 상대방의 집에 가면 그 그릇에 음식을 담아낸다.
- 여우가 두루미를 편의점에 불러내서 맛있는 과자와 음료수를 사 주면서 지난번 일을 사과하고 사이좋게 지낸다.

-여우가 두루미를 놀이공원으로 불러내서 솜사탕을 사 주며 자기의
  잘못을 사과한다.
-여우 집에서 통닭을 시켜 먹고 두루미 집에서는 갈비를 시켜 먹으면
  서 서로 화해한다.
-여우가 놀이터에 두루미를 불러내서 미안하다고 사과하고 함께 놀이
  기구를 타고 논다.
-여우가 선물을 사고 편지를 써서 두루미를 찾아가서 미안하다고 사
  과하고 두루미도 여우에게 선물을 주며 "나도 미안했어." 하고 사과
  한다.
-미국의 자유의 여신상 앞에 가서 솜사탕을 사 먹으며 서로 사진을 찍
  어 주면서 화해를 하고 돌아온다.

  그림을 다 그리고 나면 그림의 내용을 짝에게 설명해 주고 궁금한 것
을 질문한다.

바른 인성과 생각하는 힘을 길러요!

( )학년 ( )반 이름( )

♣공부할 문제 : 배려에 대하여 알아봅시다.

1. 떠오르는 낱말을 적어 볼까요? (1~2차시)

2. 이야기의 내용을 짝에게 들려줍시다.

3. 질문을 만들어 봅시다.

4. 알게 된 점을 적어 봅시다.

5. 여우와 두루미가 서로 사이좋게 지내려면 어떻게 하면 좋을지 그려 봅시다. (3차시)

6. 생활에서 어떻게 다른 사람을 배려할 것인지 적어 봅시다.

언제	
어디서	
누구에게	
어떻게	

173

02
나의 역량은 무엇일까?
─토끼와 거북이

자신의 역량과 재능, 취미 등과 관련지어 미래의 꿈을 찾는 진로 지도를 하기 위해 「토끼와 거북이」 동화를 선택했다.

1차 경기

아주 먼 옛날 토끼와 거북이가 누가 더 빠른지 다투었다.
둘이는 산꼭대기까지 직접 달리기를 하여 결판을 내기로 하였다. 토끼와 거북이는 서로 동의했고 달리기를 시작했다.
토끼는 쏜살같이 달려 나갔고 거북이는 쉬지 않고 한 걸음 한 걸음 기어갔다. 토끼는 저 멀리 오는 거북이를 보고 한숨 자도 되겠다고 생각하고 나무 밑에서 곯아 떨어졌다.

거북이는 쉬지 않고 달려가서 먼저 도착하여 이겼다. 토끼가 잠에서 깨어 보니 거북이가 만세를 부르고 있었다.

1차시 수업은 앞의 동화와 비슷하게 진행하면 된다.

이 동화는 진로 교육과 핵심 역량에 대해 깊이 생각해 볼 수 있다. 다음은 아이들이 만든 질문들이다.

-토끼와 거북이는 누가 빠른지 왜 다투었을까?

-거북이는 토끼와 달리기하는 데 왜 동의했을까?

-거북이는 산을 기어가는 게 힘들지 않았을까?

-토끼는 왜 한숨 자도 되겠다고 생각했을까?

-토끼처럼 자만하면 인생이 어떻게 될까?

-거북이처럼 꾸준하게 노력하는 사람의 인생은 어떻게 바뀔까?

-거북이는 왜 자고 있는 토끼를 깨우지 않고 그냥 지나갔을까?

-거북이는 자기가 불리한 줄 알면서 왜 달리기 경주에 응했을까?

-거북이의 역량은 무엇일까?

-토끼는 어떤 역량을 키워 나가야 할까?

-2차 경기에서는 누가 이겼을까?

2차 경기

토끼는 억울해서 견딜 수가 없었다. 일주일 후 거북이를 찾아가서 다시 경주를 하자고 제안을 하였다. 거북이는 흔쾌히 받아 주었다. 토끼는 이번에는 낮잠도 자지 않고 평소 실력을 발휘하여 쏜살같이 달려가서 단숨에 결승점에 도착하였다. 토끼는 큰 차이로 이겼다. 거북이는 중간에 포기하지 않고 끝까지 엉금엉금 기어갔다.

-왜 토끼는 다시 경주를 하자고 하였을까?

-토끼처럼 다시 하자고 하는 것은 스포츠 정신에 맞는 걸까?

-거북이는 질 줄 알면서 왜 재도전을 받아 주었을까?

-내 주변에 토끼 같은 사람은 없나?

-토끼처럼 자기 머리만 믿고 열심히 하지 않는 사람은 없나?

-인간은 왜 일관된 삶을 살아야 할까?

-거북이는 무슨 생각으로 질 줄 알면서도 끝까지 기어갔을까?

-토끼는 어떤 역량을 가진 친구일까?

-거북이의 성격은 어떠한가?

2차 경기에서 토끼와 거북이를 통해 알 수 있는 것은 빠르고 일관된 생활은 느리고 꾸준함을 이긴다는 것이다.

3차 경기

2차 경기에서 진 거북이는 곰곰이 생각했다. 거북이는 같은 방법으로는 도저히 이길 수 없다는 것을 너무나 잘 안다. 그래서 어떻게 하면 이길까? 고민했다. 거북이는 토끼에게 다시 경주를 하자고 제안하며 이번에는 코스를 다르게 하자고 했다. 토끼는 자신만만하게 도전을 받아 주었다.

Go~! 토끼는 힘차게 달려 나갔다. 한참을 달리니 앞에 큰 강이 있었다. 어떻게 건널까? 발을 동동 구르며 고민하는 사이에 거북이는 강물을 유유히 헤엄치며 건너 결승점에 먼저 도착하였다.

-거북이가 경기에서 이길 수 있는 방법은 무엇인가?

-내가 거북이였다면 경기 장소를 바꿀 생각을 했을까?

-거북이는 왜 또다시 도전하자고 했을까?

-우리 삶에서 도전하다가 안 되면 어떻게 하는 것이 지혜로운 것일까?

-거북이의 지혜는 어디서 나온 걸까?

-토끼는 강을 만났을 때 어떤 마음이 들었을까?

-토끼처럼 인생을 살면서 큰 위기가 닥친 적이 있는가?

-위기가 닥치면 어떻게 대처해야 할까?

-나의 핵심 역량은 무엇일까?

-아이들의 핵심 역량을 길러 주려면 우리는 어떻게 해야 하는가?

-거북이는 강물에서 유유히 헤엄치면서 무슨 생각을 했을까?

-달려오다 큰 강을 만난 토끼의 심정은 어떨까?

-거북이에게서 배울 점은 무엇일까?

-토끼와 거북이가 싸우지 않고 사이좋게 1등을 하는 방법은 없을까?

3차 경기에서 우리에게 주는 교훈은 처해진 상황만 탓하며 포기하지 말고 자신의 핵심 역량을 잘 발휘해서 환경을 극복할 수 있는 지혜를 생각해 보라는 것이다.

4차 경기

토끼와 거북이는 서로 마음이 불편했다. 옆에서 보고 있던 원숭이가 화해를 시키려고 꾀를 내었다. 두 친구를 화해시켜 사이좋은 친구 관계가 되도록 원숭이가 지혜로운 제안을 하였다. 심판인 원숭이는 경기 장소를 바꾸어 강과 산이 있는 곳에서 달리기를 하자고 하였다. 토끼와 거북이는 한참을 생각하다가 승낙을 하고 경주를 하였다.

어떤 방법으로 토끼와 거북이는 사이좋게 함께 결승점에 도착했을까?

여기까지 동화를 들려주고 토끼와 거북이가 사이좋게 지내는 방법을 그림으로 나타내라고 해도 된다. 뒷이야기를 상상해서 질문을 만들고 그림으로도 표현하게 하면 상상력을 기를 수 있다. 중요한 것은 서로 사이좋게 1등을 하는 방법을 찾아내는 것이다.

-토끼와 거북이는 왜 마음이 불편했을까?

178

-원숭이는 어떤 친구일까?

-내 주변에 원숭이와 같은 친구가 있는가?

-원숭이는 왜 두 친구의 사이가 좋기를 원했을까?

-원숭이는 달리기 코스를 왜 강과 산으로 했을까?

-나는 친구들을 화해시켜 준 적이 있는가?

-토끼의 핵심 역량은 무엇인가?

-거북이의 핵심 역량은 무엇인가?

-원숭이의 핵심 역량은 무엇인가?

-토끼와 거북이는 어떤 미덕을 깨워야 사이좋게 1등을 할 수 있을까?

-나의 핵심 역량과 친구의 핵심 역량을 합치는 것이 왜 좋을까?

-핵심 역량을 합쳐서 팀워크를 이루어 일을 하면 좋은 점은 무엇일까?

아이들에게 뒷이야기를 알려 주지 않고 상상하게 해서 토끼와 거북이가 사이좋게 지낼 수 있는 방법을 그림으로 그리게 하였다. 아이들은 처음에는 힘들어하는 표정이지만 "잠자고 있는 보석 중에서 어떤 보석을 깨우면 잘 생각이 날까?" 하면서 격려하며 긍정의 에너지가 나오게 해 주면, 지혜·열정·목표의식 등을 말하며 생각머리를 움직여 다양한 생각을 해 낸다.

이때 그림 그리는 데 치중하지 말고 사이좋게 1등을 하는 내용이 중요하다고 말하며 그리는 데 스트레스를 받지 않도록 한다. 그리고 색칠은 시간이 되면 하고 안 되면 다음 시간에 연결해서 계속하게 한다.

친구에게 토끼와 거북이가 사이좋게 지내는 방법을 서로 설명해 주고,

왜 그렇게 생각했는지 질문하면서 생각숲을 가꾸어 가게 한다. 친구와 경쟁하는 것보다 서로의 역량을 발휘해서 협력하여 일을 하면 더 쉽게 할 수 있고 능률도 올릴 수 있다는 교훈으로 마무리를 한다.

> **뒷이야기**
>
> Go~! 둘은 사이좋게 출발했다. 강에 도착하기 전까지는 토끼가 거북이를 업고 달렸고, 강에 가서는 거북이가 토끼를 등에 태우고 헤엄을 치고 강을 건넜다. 강 건너서 결승점까지는 토끼가 다시 거북이를 업고 달렸다. 둘은 자신이 이겼을 때보다 더 큰 만족감을 얻었고 더 행복했다.

4차 경기에서 우리에게 주는 교훈은 자신의 핵심 역량을 강화하는 것도 중요하지만 서로의 핵심 역량을 합쳐 팀워크를 이루어 일하면 더 능률이 오르고 다양한 아이디어도 창출할 수 있고 기쁨도 배가된다는 것이다. 21세기는 창의융합형 인재를 필요로 하며 혼자서는 집단지성을 이길 수가 없으므로 아이들에게 팀워크가 매우 중요함을 강조해 준다.

아이들이 그린 뒷이야기는 다음과 같다.

-강을 건널 때는 토끼에게 구명조끼를 입혀서 거북이의 등에 태워 건너고, 산을 오를 때는 손수레를 구해서 거북이를 태워서 오르다가 결승점에서는 손을 잡고 걸어서 들어간다.

-강을 건널 때는 나무로 보트를 만들어서 함께 타고 가고, 산을 오를

때는 토끼가 목마를 태워 함께 간다.
- 강을 건널 때는 유람선을 불러 타고 가고, 산을 오를 때는 다리를 묶어 천천히 함께 걸어간다.
- 강을 건널 때는 거북이의 등에 토끼를 태우고, 산을 오를 때는 작은 비행기를 타고 올라간다.

생각 너머 생각 가꾸기를 할 때는 아이들의 생각이 다소 엉뚱하고 어울리지 않더라도 "그건 좀 아닌 것 같은데, 아니 그건 아니야."라는 말은 하지 않는 것이 좋다. 좀 이상한 대답을 하더라도 "왜 그렇게 생각하니?" 라고 물어보면서 아이의 생각을 받아주어야 생각숲을 키워 나가는 데 힘이 될 수 있다. 틀린 답을 했다고 생각순을 잘라 버리면 아이는 용기와 자신감을 잃게 되고 수업에 흥미도 없어지게 된다.

03
형제간에 우애 미덕을 깨워요!
−흥부와 놀부

흥부와 놀부

옛날 어느 한 고을에 흥부와 놀부라는 두 형제가 살고 있었다. 형인 놀부는 늘 못된 짓만 일삼았고, 아우인 흥부는 마음씨가 착했다.

그러던 어느 날 흥부와 놀부의 아버지가 돌아가시고 말았다.

아버지의 유언대로 처음에는 흥부와 놀부 식구들이 같이 모여 살았지만, 마음씨 나쁜 놀부네 가족은 아버지에게 물려받은 유산을 자기 혼자 차지한 후 쌀 한 톨도 주지 않고 흥부네 식구들을 쫓아내 버리고 말았다.

흥부는 아내와 여러 자식을 거느리고 다 쓰러져 가는 오두막에서 헐벗은 채 힘들게 고생을 하며 살아갔다.

가난에 못 이겨 흥부가 형 놀부에게 도움을 청하러 갔더니 형수가 주걱으로 뺨을 때리며 말했다.

"에이! 여기 있다!"

그러던 어느 날, 흥부네 집 처마에 있는 둥지에 새끼 제비들이 있을 때 구렁이 한 마리가 슬금슬금 다가가자 흥부네 식구들이 구렁이를 쫓아내고 새끼 제비들을 구해 주었다.

그러나 새끼 제비 한 마리가 땅에 떨어져 다리가 부러졌고 흥부는 제비의 부러진 다리를 정성껏 동여매어 치료해 주었다.

이듬해에 그 제비는 흥부네 뜰에 박 씨앗 하나를 물어다 주었다. 박씨를 심은 후 가을이 되어 흥부네 가족들이 박을 탔더니 뜻밖에도 박 속에서 온갖 보물이 쏟아져 나왔다. 마음씨 착한 흥부는 하루아침에 부자가 되었다.

이 소식을 들은 마음씨 나쁜 놀부는 보물에 욕심이 나서 일부러 새끼 제비의 다리를 부러뜨린 후 실로 동여매 주었다.

이듬해에 제비는 놀부에게도 박씨를 주었고, 놀부가 심은 박 속에서는 온갖 도깨비가 나타나 놀부를 혼내고 재산을 빼앗는 등 놀부에게 벌을 주었다.

놀부는 어떻게 되었을까?

이 이야기는 형제간의 우애 덕목을 가르치기에 좋은 이야기이다. 이 수업은 다음과 같이 진행했다.

1차시

-이야기를 들려준 다음 들은 이야기를 친구에게 들려준다.

-학습지를 주고 다시 이야기 내용을 읽게 한다.

-궁금한 점을 질문으로 만든다.

-질문 놀이를 한다.

-흥부와 놀부가 깨워야 할 미덕이 무엇인지 알아본다.

2차시

-교사가 몇 가지 질문을 한 다음 놀부에게 해 주고 싶은 말을 역할극으로 꾸미고 흥부에게 해 주고 싶은 말을 역할극으로 꾸민다.

-짝끼리 역할극을 해 본다.

-역할을 바꾸어 해 본다.

-자기의 소감, 느낌을 서로 이야기한다.

역할극 1-놀부에게 해 주고 싶은 말

A : 동생이 배고픈데 왜 음식을 나누어 주지 않았니?

B : 구걸하러 온 동생이 미웠어.

A : 동생한테 먹을 것을 안 나누어 주니까 벌 받잖아.

B : 동생이 제비 때문에 보물이 생길 줄 몰랐지.

A : 그런 것 생각 안 하고 동생은 무조건 도와주어야 하는 거야.

B : 알았어. 앞으로는 잘할 거야. 미안해!

역할극 2-놀부에게 해 주고 싶은 말

A : 놀부야, 넌 어째 제비 다리를 일부러 부러뜨렸니?

B : 흥부의 금은보화를 보니 배가 아팠거든.

A : 제비를 일부러 아프게 했는데 복을 줄 거라 생각했니?

B : 그러게. 난 욕심만 많지 머리가 나쁜가 봐.

A : 앞으로는 동물을 보호하고 욕심을 너무 부리지 마.

B : 알겠어. 미안해! 절대로 욕심 안 낼 거야.

역할극 3-흥부에게 해 주고 싶은 말

A : 흥부 아저씨! 형 집에 밥 얻으러 꼭 가야 했어요?

B : 그럼 자식들을 굶기라고?

A : 스스로 일하러 가서 돈을 벌어야지요.

B : 어디 가서 일을 하라고?

A : 남의 집에 가서 일을 해 주면 되지요. 산에 가서 나무를 해다가 팔
아도 되잖아요.

B : 그래. 내가 미처 그걸 생각 못했네. 앞으로는 스스로 벌어 먹일게.

역할극 4-흥부에게 해 주고 싶은 말

A : 흥부 아저씨! 형은 도와주지 않았는데 왜 형을 도와주었어요?

B : 그야 형이 갑자기 못살게 되었으니까 도와주었지.

A : 형이 밉지 않았어요?

B : 미운 마음도 조금 있었지만 내가 잘해 주면 형도 반성할 거라 생각
했어.

A : 아저씨는 너그러움 미덕이 반짝이시네요.

B : 너그러움과 용서 미덕이 반짝이는 흥부 아저씨, 사랑합니다.

3차시

-벌을 받은 놀부는 어떻게 되었을까? 뒷이야기를 글로 쓰기를 하였다.

아이의 생각 1

도깨비가 자기 동굴로 놀부를 데리고 와서 한 달 동안 반성을 하도록
하였다. 그러나 놀부가 반성을 하지 않아 한 달을 더 추가했다. 두 달이
지나서야 놀부는 잘못했다고 엉엉 울면서 다시는 그러지 않겠다고 말했
다. 도깨비는 놀부를 풀어 주었다. 놀부는 흥부집을 찾아가서 "흥부야!
내가 잘못했어. 그동안 내가 욕심을 너무 많이 부렸지. 미안하다."고 말했
다. 흥부는 놀부의 잘못을 용서해 주고 함께 열심히 일하며 행복하게 살
았다.

아이의 생각 2

놀부는 도깨비들에게 호되게 맞았어요. 그리고 재산을 모두 빼앗겼어요. 그 소문이 퍼졌어요. 흥부의 귀에 까지 들어가게 되었어요. 흥부는 놀부가 있는 곳으로 달려갔어요.

"형님, 이게 어찌된 일입니까?"

"흥부야, 내 동생 흥부야! 내가 많이 반성했으니 나도 좀 같이 살게 해다오."

"형, 걱정하지 마세요. 저랑 함께 저희 집에서 살아요."

두 가족은 서로 사랑하며 살았어요.

아이의 생각 3

놀부는 도깨비에게 재산을 다 빼앗기고 아내와 땅바닥에 주저앉아 엉엉 울었다. 그때 일하러 가던 흥부가 이 모습을 발견하고 물었다.

"형님! 왜 이러십니까?"

놀부가 이때까지 있었던 일을 말해 주고 사과했다. 흥부는 형과 형수를 자기 집으로 데려가서 따뜻한 차를 주었다. 그리고 같이 잘 살았다.

바른 인성과 생각하는 힘을 길러요!

( )학년 ( )반 이름( )

♣공부할 문제 : 형제자매간에 사이좋게 지내는 방법을 알아봅시다.

1. 손가락을 짚어 가며 글을 읽고 중요한 낱말에 줄 긋기(이야기 내용은 생략)
2. 이야기를 읽고 친구에게 내용 보지 않고 말해 보기
3. 궁금한 점을 질문으로 만들기
4. 형제자매간에 어떻게 지내야 할까?
5. 나의 형이나 동생에게 어떻게 대할 것인가?
6. 놀부와 흥부에게 해 주고 싶은 말은 무엇인가?
7. 벌을 받은 놀부는 어떻게 되었을까?(뒷이야기 꾸미기)

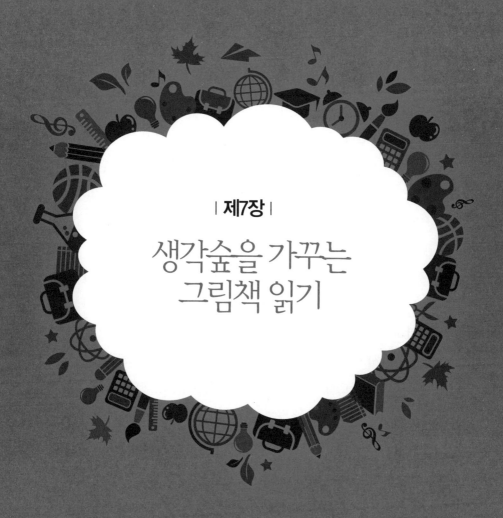

| 제7장 |

생각숲을 가꾸는
그림책 읽기

이야기책과 그림책은 다르다. 이야기책은 단어로 이야기를 말하고 그림은 보조 역할을 한다. 그림책은 이야기를 주로 그림으로 표현하거나 전적으로 그림으로 표현한다. 때로는 그림으로 안 되는 것만 글로 표현하기도 한다. 그림책은 그림 없이 글만으로는 존재할 수 없는 책이며, 그림이 없으면 이야기의 내용이 불분명하다.

그림책은 어른이나 아이 누구나 읽을 수 있을 뿐만 아니라 철학이 담겨 있고 깊은 의미가 있어서 지혜를 찾고 삶에 적용하기에 좋아 수업에 많이 활용된다. 수업의 도입 단계에 활용하기도 하고 교과 내용을 재구성하여 여러 교과목에 적용하기도 한다.

그림책 읽기에서 책표지와 속표지를 살펴보는 것은 아주 중요하다. 앞표지는 그림책의 얼굴로서 독자의 눈을 사로잡는 역할을 한다. 표지에서 그림은 화면의 일부로서 그림책 속에서 전개되는 이야기 세계를 상징적으로 표현하기도 한다. 속표지는 영화의 타이틀 화면과 비슷한 역할로서 제목이나 작가를 소개하고 독자를 그림책 속으로 끌어들이는 역할을 하며, 이야기 전체의 분위기를 전달하기도 한다.

01
그림책 깊이 읽기
계획안

　1학년 아이들과 한 학기 동안 그림책 깊이 읽기를 했다. 1학년 2학기 때 먼저 버츄 프로젝트 인성 교육에 대해 2시간 수업을 하고, 하브루타가 무엇인지 2시간 수업을 한 후, 그림책으로 버츄와 하브루타를 함께 적용하였다. 한 학기 동안 실시한 내용은 다음 표와 같다.

그림책 깊이 읽기 계획안

차시	배움 주제	배움 내용	비고
1차시	『틀려도 괜찮아』 표지 보고 내용 상상하여 보기	-앞뒤표지 보고 질문하기 -글쓴이, 그린이, 뒤표지 살펴보기 -주요 장면 보고 내용 상상해 보기 -장면 보고 서로 질문해 보기 -나의 생각 말해 주기	
2차시	교사가 이야기 들려주기	-그림책의 삽화를 보여 주며 들려주기 -들은 이야기 친구에게 들려주기 -궁금한 내용을 중심으로 질문 만들어 보기	활동지
3차시	질문 놀이하기	-질문 놀이하기 -질문 놀이한 것 공유하기	활동지
4차시	내가 깨워야 할 미덕 찾기	-주인공의 성장 미덕 찾기 -나의 대표 미덕 찾기 -나의 성장 미덕 찾기	활동지
1차시	『가시소년』 겉표지 보고 궁금한 점 질문하기	-겉표지를 잘 살펴본 후 궁금한 점 질문하기 -글쓴이, 그린이가 누군지 알아보기	
2차시	이야기 들려주기	-경청 미덕 깨우며 이야기 듣기 -친구에게 이야기 들려주기 -질문 만들기	활동지
3차시	질문 놀이하기	-질문 놀이 규칙 지키며 질문하기 -가시소년이 깨워야 할 보석 찾기 -내가 깨워야 할 보석 찾기 -배운 점, 느낀 점, 실천할 점 말하기	활동지
4차시	「욕의 반격」 영상 보기	-「욕의 반격」, 밥의 신비 영상 보기 -왜 욕을 하면 안 되는지 토론하기	영상 자료

5차시	내 몸에 박힌 가시 빼내기	-내 몸에 박힌 가시 그리기 -내 몸에 박힌 가시 빼내기	활동지
6차시	가시 빼낸 행복한 우리 모습 퍼즐에 그리기	-가시 빼낸 친구와 나의 모습 그리기 -협동과 배려의 미덕을 실천하며 그리기	빈 퍼즐
7차시	퍼즐 놀이하기	-협동과 화합, 배려의 미덕을 깨워 퍼즐 놀이하기 -다른 친구들의 퍼즐과 바꾸어 가며 맞추기	
1차시	『행복한 의자나무』 책표지 보고 왜까바 놀이하기	-책표지 보고 왜까바 놀이하기	
2차시	이야기 상상하기	-주요 장면을 보여 주고 나름대로 앞뒤 이야기 상상하고 궁금증 유발하기	
3차시	이야기 들려주기	-존중과 경청의 미덕을 깨워 이야기 듣기 -남과 다른 질문 만들기	활동지
4차시	질문 놀이하기	-창의적인 질문으로 질문 놀이하기 -짝 바꾸어 가며 질문 놀이하기	
5차시	친구 사귀는 미덕 가꾸기	-주인공이 깨운 미덕 찾기 -친구를 많이 사귀려면 깨워야 할 미덕 가꾸기	색종이 보석 카드

02
자신감을 키워요!
—틀려도 괜찮아

    질문 놀이 수업을 4시간 동안 해 보니 '틀리면 어쩌지?' 하는 불안감 때문에 자신의 생각을 말하는 것을 부담스러워하는 아이가 많았다. 그래서 아이들에게 가장 중요한 미덕인 용기와 자신감을 깨워 주어야겠다는 생각이 들었다.

    마키다 신지 글, 하세가와 토모코 그림, 유문조 옮김의 『틀려도 괜찮아』는 자신감을 키우는 데 도움이 되는 책이다. 이 책의 줄거리를 참고하면 내용 이해에 도움이 될 것이다.

틀려도 괜찮아

틀리는 것을 두려워하면 안 된다. 틀리면서 정답을 찾아가는 것이다.

언제나 맞는 답을 말하려고 하면 아무것도 할 수가 없다. 틀리면서 배우면서 자라 가는 것이다. 심지어 신령님도 틀릴 수가 있는데 우리가 틀리는 것은 당연한 것이다.

그러니 선생님이 시키면 가슴이 쿵쾅거리고 얼굴이 화끈거리고 머리가 까매지지만 정신을 차리고 용기를 내어 말을 하는 것이다.

과녁에 활을 자꾸 쏘아 봐야 잘 맞추듯이 틀려도 자꾸자꾸 말하다 보면 잘할 수 있게 된다.

그러니 두려워하지 말고, 친구가 틀렸다고 웃지 말고, 바보라고 놀리지 않아야 한다.

틀리면 고쳐 주고 선생님이 가르쳐 주실 것이다. 그렇게 우리는 자라 가는 것이다. 그러면 행복한 우리 반이 될 것이다.

책을 읽어 주기 전에 책 내용에 대한 호기심과 궁금증을 불러 오는 것이 아주 중요하다. 그래서 1차시에는 책표지와 속표지, 글쓴이, 그린이 등에 대해 살펴본 후 궁금한 점을 질문하게 한다. 이때는 답을 말해 줄 필요 없이 더욱 궁금하도록 질문만 하게 한다.

2차시에는 이야기를 삽화를 보여 주며 들려준다. 이때는 경청의 미덕을 깨워서 잘 듣도록 한다. 미덕을 깨울 때는 교사가 정해 주는 것이 아니라 아이들에게 이 활동을 할 때 어떤 미덕을 깨우면 좋을지 질문해서 스스로 깨우게 하는 것이 중요하다.

다음 차시에 질문 놀이를 하는데 질문을 할 때는 항상 옆 친구의 질문과 돌려 보고 서로 어떻게 만들었는지 읽어 본 뒤에 자기가 질문할 것을 1개 선정한다.

질문 놀이하기 전에는 항상 질문 놀이 규칙을 한 번 더 되뇌고 서로 배려와 경청의 미덕을 깨우며 질문하도록 한다. 질문 놀이가 끝나면 자기의 질문에 대한 대답을 정리하고 서로 발표를 한다. 알게 된 내용을 정리하고 자기평가를 한 후 마친다.

3차시에는 실수에 대해 집중적으로 생각할 시간을 준다. 그리고 발표를 시킨 다음 교사가 보충 설명을 해 준다. '실수는 부끄러운 것이 아니다. 성공을 위한 시작이다. 실수를 통해서 자라는 것이다. 몰라서 배우러 왔다. 실수하지 않는 사람은 이 세상에 없다. 그러니 몰라도 괜찮다. 정답이 있는 것이 아니다. 그러면 우리는 어떤 미덕을 깨워야 할까?'를 생각해 보게 한다. 이런 식으로 수업 시간에 자신감과 용기의 미덕을 깨운다.

마지막으로 주인공이 성장시켜야 할 미덕, 앞으로 내가 성장시켜야 할 미덕, 나의 대표 미덕을 찾아보는 활동을 하고 삶에 적용하도록 한다. 이후부터는 아이들이 틀리는 것을 부끄러워하지 않고, 친구가 틀려도 웃지 않는 아이가 많아졌다.

03
바른말, 고운 말을 사용해요!
―가시소년

아이들이 어릴 때는 바른말, 고운 말만 쓰다가 나이가 들어갈수록 사나운 말, 은어, 속어, 비어를 많이 쓴다. 세 치의 혀가 칼보다도 더 무서울 때가 많다. 외적인 상처보다 말이 주는 상처가 더 잘 아물지 않는다. 아픈 말이 한 번 마음에 박히면 평생 가기도 한다. 그래서 말을 할 때는 한 번 더 생각해 보고 말하는 습관을 들일 필요가 있다.

욕을 할 때나 남의 기분을 상하게 하는 말을 할 때는 듣는 사람도 마음의 상처를 받지만 욕이나 상스러운 말을 하는 사람 자신에게 더 해롭다는 연구 결과가 있다. EBS 지식e채널 「욕의 반격」이라는 영상을 보면 칭찬하는 말을 할 때는 침의 색깔이 분홍색인 데 반해서 욕을 할 때는 침의 색깔이 갈색에 가깝다. 이 침을 모아서 흰쥐에게 주사기로 주입하였더니 쥐가 죽어 버렸다. 침 속에서 독이 나왔기 때문이다.

이 얼마나 충격적인가? 우리가 욕이나 상스러운 말을 할 때 입에서 독이 나오다니…. 생각지도 못한 현상이었다. 이 영상은 아이들에게 꼭 보여 줄 필요가 있다. 내가 욕을 하면 독이 되어 다시 나 자신을 반격한다는 것을 아이들이 알아야만 한다.

이런 상황에 도움이 되는 책이 권자경 글, 송하완 그림의 『가시소년』이다. 이 그림책으로 먼저 수업을 하고 난 뒤 「욕의 반격」 영상으로 한 번 더 공부하였다. 『가시소년』은 활동할 내용이 많아서 7차시로 하였다.

1, 2, 3차시 수업은 다른 그림책과 동일하다. 먼저 표지를 살펴보고 글쓴이와 그린이가 누구인지, 왜 이 동화를 썼는지를 짐작해 보게 하였다. 그리고 이야기를 들려주고 질문을 만들고 질문 놀이를 하였다.

4차시에는 「욕의 반격」이라는 영상을 보여 주고, MBC에서 방영한 밥한테 한 달간 고운 말 해 주기와, 욕과 비난하는 말 해 주기를 실험한 영상을 보여 주었다. 그리고 나서 왜 욕을 하면 안 되는지 자유 토론을 하게 하였다.

5차시에는 자신의 모습을 그리게 한 다음 자기 몸에 박힌 가시를 그리게 했다. 그릴 때는 자신에게 박힌 가시를 정직의 미덕을 깨워 숨김없이 표현해야 한다. 그리고 "어떻게 하면 가시를 빼낼 수 있을까?" 하고 질문을 한 뒤, "욕 대신에 바른말 고운 말, 상대방이 들으면 기분 좋은 말을 하면 된단다." 하고 답해 주며, 그런 말에는 어떤 것이 있는지 적어 보게 하였다. 그리고 친구들에게 돌아다니며 가시를 빼내는 말들을 해 주었다.

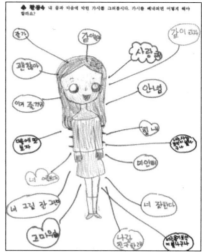

6차시에는 가시를 다 빼낸 나와 내 짝의 행복한 모습을 16절 크기의 퍼즐 하나에 둘이 협동작으로 그리도록 하였다. 서로 불편함을 참으면서 양보하고 배려하며 어떻게 멋진 작품을 만들어 낼까 고민하면서 작품을 완성해 가는 모습에서 소통과 협력의 역량을 엿볼 수 있었다.

아이들이 이 활동을 하며 배려와 화합, 협동의 미덕을 잘 깨워 끝까지 완성하는 모습을 보니 무척 기특하고 사랑스러웠다. 그리고 목적의식과 결의의 미덕이 돋보여서 무척 감사했다.

화합과 배려의 미덕을 깨워 그리는 모습

7차시에는 완성한 작품으로 몰입과 협동의 미덕을 깨워 퍼즐 맞추기를 하면서 행복한 시간을 보냈다. 자기 퍼즐 맞추기를 한 팀은 다른 팀과 바꾸어 가며 맞추기를 하도록 했다. 이렇게 놀이를 통해 소통하고 배려하며 협력의 역량을 키워 가는 것이다. 2탄으로 화합의 미덕으로 서로 빨리 맞추기 시합도 하였다. 아이들의 창의성, 순발력, 몰입을 깨우는 재미 있는 시간이었다.

협동의 미덕을 깨워 팀별 퍼즐 맞추기

	가시소년	초등학교
		학년　　반　　번
	년　월　일　요일	이름 :

♣ 활동 1. 선생님이 들려주시는 『가시소년』을 들어 봅시다.
들은 내용을 짝에게 들려줍시다.
질문을 만들어 질문 놀이를 해 봅시다.

질문 1

질문 2

질문 3

질문 4

질문 5

♣ 활동 2. 친구에게 물어본 질문에 대한 대답을 정리해 보자.
나의 질문에 대한 대답 정리하기

♣ 활동 3. 가시소년이 가장 크고 날카로운 가시를 가졌을 때 어떤 보석을 깨워야 할까?

가시소년이 깨운 미덕은? (　　　　　　　　　　)입니다.

왜냐하면　　　　　　　　　　　　　때문입니다.

♣ 나는 친구에게 바른말, 고운 말을 하기 위해 어떤 미덕을 깨울 것인가?

♣ 활동 4. 내 몸에 박힌 가시 빼내는 활동을 해 봅시다.(그림으로 그리기)

♣ 활동 5. 가시를 빼낸 내 짝과 나의 행복한 모습을 그려 봅시다.

04
칭찬으로 삶을 바꿔요!
−행복한 의자나무

    대만 작가인 량슈린 글, 그림의『행복한 의자나무』그림책으로 1학년
마지막 수업을 하였다. 한마디의 칭찬으로 인생이 바뀔 수 있고, 행복하
려면 서로 협력하고 배려하며 희생해야 한다는 주제 때문에 이 책을 선
정했다. 자기 위주로 생각하는 저학년에게 좋은 주제이다.

행복한 의자나무

거인 에이트의 밭에 이상한 나무가 있었다. 제멋대로인 데다가 자기밖에 몰랐다.

잘난 척하며 새가 집을 짓지 못하도록 잎도 가지도 별로 없었다. 꽃은 밤에 피었다 지고 향기도 내지 않았다. 그래서 벌도 나비도 찾아오지 않았다.

아이들도 나무를 싫어했다. 몸이 미끄러워 올라갈 수도 없고 그늘이 없어 같이 놀 수가 없었다. 나무는 늘 외톨이였다. 외로웠다.

어느 날 에이트가 산책을 하다가 나무에 걸터앉아 잠시 쉬기로 했다.

"나무에 걸터앉으니 정말 좋구나!" 하면서 칭찬을 했다. 나무는 칭찬을 듣는 순간 무척 행복했다. 그 후 에이트가 의자나무를 자주 찾아 와서 말을 걸어 주니 나무는 에이트를 기다리게 되었다.

그러면서 나무 잎사귀가 늘어나고 가지도 많아지며 나뭇잎이 우거진 큰 나무가 되었다. 새들도, 나비도, 아이들도 놀러오게 되었다. 새들의 노랫소리도, 아이들이 노는 소리도 행복했다.

1차시에는 양경윤 선생님의 '까바놀이'를 '왜까바놀이'로 살짝 바꾸어서 진행했다. 아이들이 그림을 깊이 관찰하려고 노력하는 모습이 보였다.

먼저 앞표지의 그림에서 보이는 대로 풀이하는 문장으로 말하게 했다.

-새들이 날아다닙니다. → 왜 새들이 날아다닙니까?

-꽃이 핀 나무가 있습니다. → 왜 꽃이 핀 나무가 있습니까?

-제목이 행복한 나무의자입니다. → 왜 제목이 행복한 나무의자입니까?

-줄무늬 옷을 입은 남자아이가 공을 들고 있습니다. → 왜 줄무늬 옷을 입은 남자아이가 공을 들고 있습니까?

-잔디밭에 남자아이가 누워 있습니다. → 왜 잔디밭에 남자아이가 누워 있습니까?

이렇게 한 명이 풀이하는 문장으로 말하면 나머지는 왜까바로 바꾸는 놀이를 했다.

다음은 뒤표지를 보며 짝끼리 서로 '왜까바놀이'를 했다.

왜까바놀이를 하는 이유는 그림을 유심히 들여다보며 관찰력을 키우고, 내용을 스스로 짐작해 보게 해서 책에 대한 호기심을 더 유발시키고, 질문을 쉽게 만드는 방법을 스스로 터득하게 하기 위해서이다.

정리할 때는 이 책에 어떤 내용이 나올지 대강 짐작해 보면서 마무리했다.

주요 장면 보여 주고 내용 상상하기

2차시는 그림책의 이야기에 대한 상상력을 키우는 단계이다. 기승전결 부분에 해당하는 서너 장면의 그림을 보여 주고 궁금한 것을 짝끼리 질문하고 상상해서 대답하게 했다. 이때 정답은 없으니 자기 생각대로 대답하면 된다고 하면 망설임 없이 대답을 잘한다. 책의 내용에 대한 궁금증과 호기심, 그리고 마음껏 상상력을 펼칠 수 있도록 하는 활동이다.

첫째 장면   둘째 장면   셋째 장면

먼저 짝끼리 질문을 주고받는다. 이때는 자기 생각대로 상상력을 펼쳐서 대답을 하면 된다. 이 활동은 상상력과 그림책의 내용을 추측해 보는 시간이기 때문에 정해진 답이 없다. 그래서 마음 놓고 상상의 나래를 펼수 있다. 아이들은 상상하는 것을 아주 좋아한다. 1, 2학년은 교사와 주고받으면 된다. 3학년부터는 짝끼리 주고받는 것이 더 학생이 주인공인 수업이 될 수 있다.

먼저 첫째 장면을 보고 짝이 질문한다.

A : 이 그림은 어떤 장면입니까?

B : 나무에 잎이 조금 달려 있고 의자 모양입니다.

A : 아하, 그렇군요! 그런데 나뭇잎이 왜 몇 개밖에 없을까요?

B : 처음부터 잎이 안 난 것 같아요.

A : 왜 안 났을까요?

B : 원래 끝부분만 나는 나무입니다.

A : 아하, 그렇군요!

한 장면에 시간을 3~5분을 준다. 시간을 충분하게 주는 것이 좋은데 교사가 알아서 조절하면 된다.

이번에는 둘째 장면을 보고 질문한다. 방법은 처음과 같다.

A : 이 그림은 어떤 내용일까요?

B : 어떤 아저씨가 산책하다가 의자가 있어서 쉬고 있어요.

A : 아하, 그렇군요! 그런데 왜 쉬고 있을까요?

B : 많이 걸어서 피곤해서요.

A : 쉬면서 무슨 생각을 할까요?

B : '나무는 왜 잎이 몇 개뿐이지?' 하고 생각하는 것 같아요.

A : 왜 잎이 몇 개뿐이라고 생각하는지요?

B : 잎이 많으면 사람들이 와서 앉으니까 귀찮아서요.

A : 왜 귀찮을까요?

B : 눌려서 아프기도 하고 혼자 있는 걸 좋아해서요.

A : 아하, 그렇군요!

다음에는 셋째 장면을 보고 서로 질문을 주고받는다.

그 밖에 다음과 같은 방법으로 활동할 수도 있다.

절정 부분에 해당하는 한 장면을 보여 주고 앞 장면과 다음 장면을 상상하는 질문을 주고받는다. 이때는 본 장면에 대해 충분하게 질문으로 호기심을 유발한 뒤에, 이전에는 어떤 내용인지 질문해 나간다. 그리고 다음에는 어떤 일이 일어났는지 질문을 이어 간다.

이런 활동은 저학년의 경우 교사가 질문자가 되고, 고학년은 짝 활동 또는 모둠 활동으로 하면 된다.

한 장면 보여 주고 상상력 키우기

저학년 적용 질문

-이 아저씨는 누구일까요?

-아저씨는 어디에 앉아 있나요?

-아이들은 무엇을 하고 있지요?

-누워 있는 아이는 무슨 생각을 할까요?

-뒤에 보이는 큰 나무는 어떤 표정인 것 같아요?

-이상한 모양의 나무가 보이나요?

-저 나무는 왜 모양이 의자 같을까요?

-이 그림의 앞 이야기를 상상해 볼까요?

-큰 나무는 어떤 모습이었을까요?

-아저씨는 무엇을 하는 사람일까요?

-아이들은 어디서 놀았을까요?

-의자나무한테 처음부터 친구가 많았을까요?

-왜 없었을까요?

-친구가 없어서 마음이 어떠했을까요?

-왜 쓸쓸했을까요?

-쓸쓸함을 달래기 위해서 어떻게 했을까요?

-누구 때문에 친구가 생기게 되었을까요?

-아저씨가 뭐라고 해서 마음이 바뀌었을까요?

-칭찬을 받으면 왜 마음이 바뀌게 될까요?

-자 이제 그림의 뒷이야기를 상상해 볼까요?

-아저씨가 의자나무에 앉으면서 뭐라고 말했을까요?

-나무는 어떻게 변신했을까요?

-누가 나무의 친구들이 되었을까요?

-친구들이 와서 기분이 어떠했을까요?

-내가 행복해지려면 어떻게 해야 할까요?

-친구가 많아지려면 어떻게 해야 할까요?

이런 방법으로 질문하면서 이야기의 내용을 상상해 보고 난 뒤 책을 읽어 준다. 그러면 아이들은 더 관심을 가지고 자기의 상상이 맞는지 확인하면서 더 잘 듣는다.

3차시는 이야기의 내용을 그림을 보여 주면서 읽어 준 뒤 질문을 만들게 한다. 질문 만들기를 할 때는 앞에서 말한 질문 만드는 방법을 한 번더 떠올려 보고 시작한다.

4차시는 자기 질문 중에서 좋은 질문을 선정해서 질문 놀이를 한다. 질문 놀이를 할 때는 한 가지를 선택해서 짝을 바꾸어 가면서 해야 다양한대답을 들을 수 있다. 질문 규칙을 지키면서 질문 놀이를 한 다음에 자기대답을 정리하게 한 뒤 발표한다.

5차시에는 주인공이 깨운 미덕을 찾아본다. 그리고 친구들이 나를 좋아하도록 하려면 어떤 미덕을 깨워야 할지 생각해 보고 그 미덕을 깨우는 활동을 한다. 색종이를 보석으로 만들어 활용한다.

	행복한 의자나무	초등학교
		학년 반 번
	년 월 일 요일	이름 :

♣ 활동 1. 표지를 보고 '왜까바놀이'를 해 봅시다.

♣ 활동 2. 한 장면을 보고 상상력을 길러 봅시다.

♣ 활동 3. '행복한 의자나무'를 읽고 짝에게 이야기해 줍시다.

그리고 질문을 만들어 질문 놀이를 해 봅시다.

질문 1
질문 2
질문 3
질문 4
질문 5

♣ 활동 4. 짝을 바꾸어 가면서 질문 놀이를 해 봐요.

　친구들의 대답 :

♣ 활동 5. 의자나무는 어떤 미덕을 깨웠을까?

　내가 생각한 미덕은? (　　　　　　　　　)입니다.

　왜냐하면　　　　　　　　　　　　때문입니다.

♣ 활동 6. 주인공 의자나무와 에이트가 깨운 미덕을 찾아봅시다.

나는 친구를 많이 사귀기 위해 어떤 미덕을 깨우고 싶은가요?

그림책 깊이 읽기의 과정

1. 먼저 읽고 싶은 도서 선정하기

2. 표지 살펴보기-앞표지, 뒤표지, 첫 장 표지, 글쓴이 등을 살펴보기

3. 책 읽기-스스로 읽기, 짝과 함께 읽기, 교사가 읽어 주기 등

4. 읽은 내용을 짝에게 말해 주기-메타 인지 확인하기

5. 내용 이해하기-어려운 낱말 알기

6. 질문 만들기

7. 질문 놀이하기

8. 다양한 활동하기

9. 평가 및 피드백하기

그림책 읽기의 다양한 독후 활동

- 뒷이야기 상상하여 그림 그리기

- 알게 된 내용 정리하기(마인드맵, 씽킹맵, 비주얼 씽킹)

- 주인공과 작가에게 편지 쓰기

- 등장인물 흉내 내기

- 이야기 바꾸어 쓰기

- 등장인물과 나의 미덕 찾기(버츄 카드 활용)

- 등장인물이 한 놀이 따라 해 보기

- 중요한 장면 2인 1조 즉흥극 만들기, 4인 1조 즉흥극 만들기

- 등장인물 캐릭터 부조 만들기

- 주인공의 마음 이해하기(감정 카드 활용)

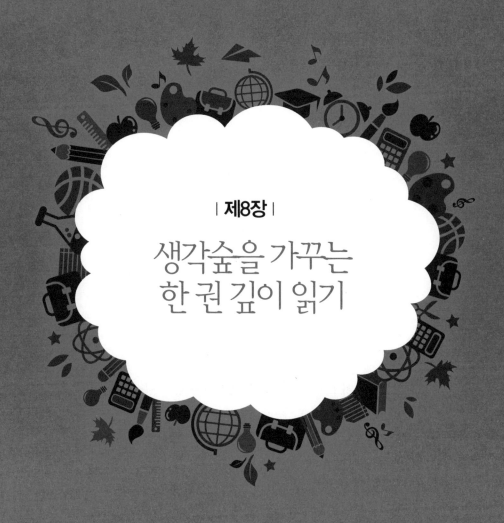

| 제8장 |

생각숲을 가꾸는
한 권 깊이 읽기

01
한 권 깊이
읽기란?

생각숲이 울창한 아이로 자라게 하려면 생각하는 힘을 길러 주는 활동 중심으로 수업이 바뀌어야 한다. 2015 개정 교육 과정의 국어 교과에 '한 학기 한 권 읽기'가 들어오게 된 것은 이런 생각하는 힘을 길러 주어 사고력과 창의성을 기르기 위한 목적이 있다.

한 학기 한 권 읽기 활동을 기존의 독서 방법처럼 하면 과거와 별반 차이가 없으므로 하브루타 질문 토론식 수업 방법을 함께 적용하여 사고력과 창의성을 길러 주고자 한다.

국어 교과에 독서가 들어온 목적은 무엇인가?

한 권 깊이 읽기의 의미는 국어 시간에 글 읽기가 아니라 책 읽기를 하는 것이다. 국어 교과서에 실린 글들이 파편적이고 분절적이라 작품을 이해하는 데 한계가 있고 지나친 학습 독서를 강조하여 오히려 책과 멀어지게 되었기 때문에 지속적인 독서 습관을 길러 주기 위해 국어 시간을 이용해서 책 읽기를 도입하게 되었다.

한 권 깊이 읽기 경험으로 학생들이 독서 습관과 태도를 형성하고 평생 독자로 성장시키는 데 목적이 있다. 책을 읽는 과정에서 자연스럽게 읽기 전략을 익히고 생각하는 힘을 기르게 하며, 책을 읽고 생각을 서로 나누고 다양하게 표현함으로써 독서의 즐거움을 느끼게 하려는 것이다.

무엇을 읽혀야 하는가?

양질의 도서를 선정하는 것이 아주 중요하다. 아이들에게 전적으로 선택하도록 맡기면 양서보다는 흥미 위주의 책만 읽을 수 있다. 그러므로 좋은 책을 선택할 수 있도록 4~5권의 도서를 먼저 제시하고, 선택 기준을 잘 말해 준 다음 고르게 한다.

어떻게 읽혀야 하는가?

책을 읽힐 때는 여러 방법이 있다. 모든 아이가 같은 책을 일괄 구입하여 읽을 수도 있고, 모둠별로 같은 책을 선정하여 읽을 수도 있으며, 개인별로 모두 다르게 해서 읽을 수도 있다. 이 3가지 방법은 다 장점이 있다.

모든 아이가 같은 책을 읽게 되면 같은 책을 다양한 관점에서 바라볼 수 있으며 토의·토론하기에 좋다. 모둠별로 같은 도서를 읽으면 모둠별 생각을 공유하고 서로 관계가 좋아지며 소통하기 좋다. 개인별로 모두 다른 책을 읽으면 여러 책에 대한 내용을 각각 나누는 과정에서 각 책에 대해 대강의 내용을 짐작할 수 있어 좋다.

어떤 책을 골라야 하는가?

국어의 다양한 언어적 특징을 느낄 수 있는 내용이면서 역사적 사실이 배경으로 사용된 책, 아이들의 공감대를 형성할 수 있고, 글밥이 학년성에 알맞은 것을 선택해야 성공적인 책 읽기가 될 수 있다. 필자는 수업하기 좋고 아이들의 다양한 생각을 서로 공유하고 나누기 위해 모든 아이가 같은 책을 한 권 읽는 것으로 실시하였다.

한 학기 한 권 책 읽기의 원칙

원칙이 따로 있는 것은 아니지만 책을 선택할 때 일차적으로 교사가 먼저 학년성에 맞는 4~5권의 책을 읽어 본 다음에 아이들에게 견본을 보여 주고 선택하게 한다. 교육 과정을 재구성하여 성취 기준에 맞는 것을 찾아 적용하면서 읽혀도 되고, 전적으로 독서 위주로 운영해도 된다.

책 읽기 수업은 연간 계획이 바뀔 수 있다. 수업하면서 보다 더 나은 활동이 있으면 계획을 바꾸어서 적용해도 무방하다. 이때 반드시 더 알게 하고 싶거나 깊이 조사해 보도록 하고 싶은 내용이 있으면, 아이들이 집에 가서 깊이 생각해 보도록 과제 아닌 과제를 제시한다. 다음날 반드시 생각해 봤는지 확인함으로써 스스로 깊이 있게 조사해 오거나 생각해 오도록 유도한다.

한 권을 깊이 읽는 것의 좋은 점

- 하나를 통해 열을 알게 한다. 어려운 낱말의 의미를 사전에서 찾고, 곱씹고, 분석하고, 질문을 만들고, 질문 놀이를 하면서 깊이 있게 깨닫기 때문이다.
- 꼬리에 꼬리를 무는 질문으로 생각숲을 가꾸게 된다. 여러 친구와 깊게, 다양하게, 진지하게 질문하고 대답하는 과정에서 생각하는 힘이 생기게 된다.

-창의성을 키우는 독서가 된다. 질문 놀이를 통해 남과 다르게 생각하고 말하고 토론하면서 남다른 생각을 할 수 있는 창의성이 길러지게 된다.

한 권 깊이 읽기 운영 방법

-국어 교과 안에서 독서와 5단원, 독서와 8단원 등 관련 있는 것을 통합해서 운영한다.
-독서와 다른 교과를 통합해서 운영한다. 비문학일 때 효과적이다.
-주제 중심으로 여러 교과를 통합해서 운영한다.
-독서와 생활 경험을 통합해서 운영한다.
-국어 교과와 별도로 순수하게 독서만 단독으로 운영해도 된다.

02
한 권 깊이 읽기의
여러 가지 방법

하브루타 독서 방법

도서 선정은 1차는 교사가, 2차는 학생이 한다.

도서 선정 방법을 적용하여 양서를 선택하도록 해야 한 권 깊이 읽기를 성공적으로 할 수 있다.

첫 수업 시간에 호기심과 궁금증을 불러일으킨다.

아이들과 함께 앞표지, 글쓴이, 그린이, 차례, 머리말, 추천사, 뒤표지 등을 살펴보며 호기심과 궁금증을 불러 일으켜 아이들이 책을 빨리 읽고 싶도록 만들어야 한다. 앞표지를 살펴볼 때는 그림을 관찰하며 풀이하는 문장으로 무엇이 있는지 말하게 한다. 그러고 나서 '왜까바놀이'를 통해 묻는 문장으로 바꾸어 본다. 표지의 내용이나 제목을 살펴보면 아이들이 아주 즐거워하고, 깊이 관찰하게 된다. 또한 왜까바놀이는 질문을 만드는 연습이 되어서 좋다. 먼저 말한 친구의 내용을 말하면 안 되기 때문에 경청하는 태도도 기를 수 있다.

책 내용에서 절정 부분을 묘사한 장면의 그림을 보여 준다.

그림을 깊게 살펴본 후 앞뒤의 내용을 상상하여 짝과 이야기를 꾸며 본다. 그러고 나서 모둠별로 서로 이야기를 주고받으며 상상의 나래를 펼쳐 본다.

읽은 내용에 대한 후속 활동을 한다.

책을 한꺼번에 다 읽고 후속 활동을 해도 되지만, 한 장씩 읽고 질문 만들기를 하고 질문 놀이를 하는 것이 좋다. 초등학생들은 1시간 내내 읽을 수 있는 지속성이 부족하므로 장별로 나누어서 하는 것이 더 효과적이다. 책을 읽으며 어려운 낱말이나 인상적인 문장, 마음에 드는 문장 등은 줄을 긋도록 한다. 책을 읽을 때 선생님이 읽어 주기, 소리 내어 혼자 읽기, 짝과 번갈아 가며 교독하기 등 다양한 방법을 병행하면 지루함을 느끼지 않아 좋다.

읽은 다음에 내용을 파악해 본다.

메타 인지 확인 단계로서 읽은 내용을 버블맵을 이용하여 떠올려 본 후 짝에게 이야기 들려주기를 한다. 이야기를 들려줄 때는 부담 갖지 말고 기억나는 대로 말하도록 한다. 듣는 친구는 지적하지 말고 들어주고, 다 들은 후에 '아하, 그렇구나!' 하며 공감해 준다. 그러고 나서 서로 역할을 바꾸어 이제는 듣던 친구가 짝에게 이야기를 들려준다.

창의적인 질문 만들기를 한다.

이 단계에서는 하브루타 질문법, 생각숲 질문법, 스캠프 질문법, 1권 5행 질문법, 시비 이해 질문법, 육색 사고 질문법 등을 다양하게 활용한다. 아이의 생각숲을 가꾸어 줄 수 있고 창의성을 기를 수 있게 된다.

하브루타 독서 방법 요약

1. 도서 선정
2. 겉표지, 훑어보기 – 질문
3. 중요한 한 장면 보고
   앞뒤의 내용 상상하기
4. 책 읽기
5. 내용 파악하기
   – 친구에게 내용 말해 주기
6. 창의적인 질문 만들기
7. 토론하기
8. 다양한 독후 활동하기

한 권 깊이 읽기와 관련 활동

한 권 깊이 읽기 독서 수업을 위한 준비

3학년 학생들에게 한 권 깊이 읽기를 하기 위해 먼저 3학년 권장도서를 참고하여 5권의 도서, 즉『초대받은 아이들』,『나비박사 석주명』,『꼬마너구리 삼총사』,『왜 친구를 괴롭혀?』,『까닥선생 정약용』을 검토하였다. 온라인 서점에서 책 소개와 먼저 읽은 사람들이 올린 후기를 읽고 골랐는데 막상 읽어 보니 3학년 학생들에게 한 권 깊이 읽기로 적당하지 않은 것이 더 많았다.

『나비박사 석주명』은 주제는 한 권 깊이 읽기로 적합했으나 3학년 수준에는 쪽수가 너무 많아서 뺐다. 나머지 4권의 책을 3학년 아이들에게 보여 주며, 교훈도 담겨 있고, 일생이 나와 있으며, 글밥도 적당하고, 쪽수도 그다지 많지 않은 조건을 만족하는 책을 고르라고 하니『까닥선생 정약용』을 골랐다. 참고로 한 권 깊이 읽기는 주 1회 1시간 수업으로 진행하였다.

한 권 깊이 읽기 수업 계획안

차시	배움 주제	배움 내용	비고
1차시	버츄 인성 교육 프로젝트란?	-버츄 프로젝트란? -내 마음의 미덕 찾기 -52가지 미덕 알기	버츄 교육
2차시	버츄 생활에 적용하기	-우리 반의 미덕 찾기 -미덕 울타리 알기 -말의 중요성 알기	

3차시	하브루타란?	-왜 하브루타 수업인가?	하브루타 교육
4차시	하브루타 질문 수업	-왜 하브루타 질문 독서 중심 수업이 좋은가?	
5차시	한 권 깊이 읽기 방법 알기	-왜 책을 깊이 읽어야 하는가? -한 권 깊게 읽기 방법 -읽을 책 선정하기	
1차시	왜까바 놀이를 하며 생각하는 힘 기르기	-앞표지, 뒤표지 보고 왜까바놀이하기 -글쓴이, 그린이, 뒤표지 살펴보기	
2차시	중요한 장면을 이야기로 꾸미며 창의적 사고 역량 기르기	-주요 장면을 보고 내용 상상해 보기 -장면을 보고 서로 질문해 보기 -나의 생각 말해 주기	
3차시	이야기를 들으며 경청하는 힘 기르기	-1장 내용을 읽고 서로 이야기해 주기 -버블맵으로 떠오르는 생각 적어 보기	
4차시	어려운 낱말을 찾으며 지식 정보 처리 역량 기르기	-어려운 낱말을 찾아 쓰고 문장 만들어 보기 -스스로 알게 된 내용 짝과 서로 나누기	
5차시	질문 만들기를 하며 창의적 사고 역량 기르기	-1장 내용 떠올리기 -사실 심화 적용 질문 만들기 -정약용에 대해 알게 된 것 적어 보기	
6차시	질문 놀이를 통해 의사소통 역량 기르기	-질문 놀이하고 나의 질문 정리하기 -친구들과 생각 나누기	
7차시	내용을 읽고 자료 정보 처리 역량 기르기	-2장 내용을 읽고 버블맵으로 내용 메타 인지하기	

8차시	하브루타 질문을 만들며 창의적인 사고 역량 기르기	-사실, 심화, 적용 질문 만들기 -남과 다른 질문 만들기	
9차시	질문 놀이를 하며 대인 관계, 의사소통 역량 기르기	-질문 놀이(워킹 토론) -질문 놀이 규칙 지키며 하기	
10차시	내용을 읽고 주인공의 미덕을 찾으며 자기 관리 역량 기르기	-3, 4장을 읽고 내용 이해하기 -주인공의 마음 보석을 찾고 공감하기 -어렵고 힘들 때 어떻게 해야 할지 말하기	
11차시	육색 사고 기법으로 질문을 만들며 창의적인 사고 역량 기르기	-육색 사고 기법으로 질문 만들기 -남과 다르게 창의적인 생각하기 -재미나 감동을 느낀 부분 찾아보기 -질문을 만들어 보고 느낀 점 말하기	
12차시	질문 놀이를 하며 대인 관계 능력 기르기	-경청하며 질문 놀이하기 -말을 안 해 본 친구들과 질문하기 -워킹 토론법으로 질문하기 -미덕 울타리를 치고 하기 -알게 된 내용을 정지극으로 나타내기	
13차시	5, 6장 내용을 읽고 자기 존중 관리 능력 기르기	-5, 6장 내용을 읽고 이해하기 -황상 이야기 영상을 보고 자존감 올리기	
14차시	순환 학습으로 공동체 역량 기르기	-사건의 순서를 즉흥극으로 나타내기 -순환 학습법으로 정약용이 한 일, 미덕, 본받을 점, 실천할 것 정리하기, 협동·배려의 미덕을 깨우며 정리하기	
15차시	기억나는 장면 그리기로 협업 역량 기르기	-퍼즐에 가장 인상적인 장면 그리기 -짝과 협동작으로 그리기	
16차시	퍼즐 놀이를 통해 공동체 역량, 협업 역량 기르기	-퍼즐을 맞추며 협업력 기르기 -짝, 다른 짝과 놀이하며 대인 관계 역량 기르기	

읽기 전·중·후 활동

읽기전활동

-표지 살펴보기

-표지 보고 질문 만들어 보기

-표지 보고 왜까바 질문 놀이하기

-중요한 장면 보고 이야기 내용 상상하며 질문 놀이하기

-삽화 보고 앞이야기, 뒷이야기 상상해서 글로 쓰기

-중요한 낱말로 이야기 상상하여 꾸미기

읽기중활동

-책 읽어 주기, 짝과 읽기, 혼자 읽기

-이야기 읽으며 어려운 낱말 사전 찾기

-이야기 내용 짝에게 해 주기

-질문 만들기

-이야기 비빔밥 만들기

-대강의 이야기 요약하기

-마음에 와 닿는 부분 필사하기

-글 요약하기(인물, 사건, 배경)

읽은후활동

-질문 놀이하기

-찬반 토론하기

-주인공의 마음 이해하기(감정 카드)

-주인공의 미덕 찾기

-등장인물 되어 보기

-역할극하기

-내가 주인공이 되어 보고 내용 바꾸기

-주인공에 대한 느낌을 그림으로 표현하기

-주장과 근거를 들어 글쓰기

-맘에 드는 문장 쓰고 나누기(나만의 문장 쓰기)

-중요한 문장 쓰고 이유 말하기

-주장과 근거를 들어 글쓰기

-인물이 처한 환경을 바꿔 표현해 보기

-다른 주인공의 관점으로 이야기 바꾸어 보기

-감동받은 부분과 그 이유 쓰기

-책갈피 만들기

-가치어 사전 만들기

-포토스탠딩

학년별로 책을 읽고 할 수 있는 활동들

전학년 한 권 깊이 읽기로 할 수 있는 활동

-책에 나오는 놀이 따라 하기

-중요한 문장 쓰고 이유 말하기

-어려운 낱말 익히기

-재미있는 말 찾기

-나만의 문장 쓰기

-인물 되어 보기

-정지극, 즉흥극, 역할극하기

-등장인물 감정 나누기

-등장인물이 깨워야 할 보석, 빛나는 보석(미덕) 찾기

-내가 깨워야 할 미덕, 빛나는 미덕 찾기

1~2학년 한 권 깊이 읽기로 할 수 있는 활동

 -왜까바놀이

-책에 나오는 놀이 따라 하기

-중요한 문장을 쓰고 이유 말하기

-퍼즐에 주인공 그리기(퍼즐 놀이)

-재미있는 말 찾기

-나만의 문장 쓰기

-인물 흉내 내기

-정지극, 즉흥극, 역할극하기

3~4학년 한 권 깊이 읽기로 할 수 있는 활동

-내가 등장인물 되어 보고 내용 바꾸기

-등장인물에 대한 느낌을 글로 표현하기

-등장인물이 한 일을 재구성하여 역할극하기

-빈 의자 기법(인터뷰하기)

-비주얼 씽킹으로 내용 간추리기

-삽화 보고 앞뒤 이야기 상상해서 글로 쓰기

-스스로 사전 찾기(어휘 지도)

-주장과 근거를 들어 글쓰기

-퍼즐에 뒷이야기 그리기(퍼즐 놀이)

-마음에 와 닿는 부분 필사하기

-찬반 토론하기

-만다라트 기법으로 내용 정리하기

-주인공 연표 만들기

-나의 인생연표 만들기

-정지극으로 사건의 흐름 표현하기

5~6학년 한 권 깊이 읽기로 할 수 있는 활동

-국어사전으로 어휘 찾아 나만의 사전 만들기

-글 요약하기(인물, 사건, 배경)

-인물이 처한 환경을 바꿔 표현해 보기

-다른 주인공의 관점으로 이야기 바꾸어 보기

-등장인물이 되어 보기

-감동받은 부분과 그 이유 쓰기

-하브루타 찬반 토론하기

-주장하는 글쓰기

-책갈피 만들기

-가치어 사전 만들기

-읽은 책 광고하는 포스터 그리기

-포토 스탠딩으로 책 내용 정리하기

-다시 쓰는 이야기 책

-낱말 맞추기 퍼즐 만들기

-이야기 재구성해서 5분극 만들어 영상 올리기

-이야기를 신문기사로 바꾸어 쓰기

-주인공 연표 만들기

-나의 인생연표 만들기

03
한 권 깊이 읽기 수업 사례
—까닥선생 정약용

왜까바놀이로 생각하는 힘 기르기

책을 읽기 전 활동으로 앞뒤 표지와 차례, 글쓴이, 그린이 등을 살펴보며 주로 왜까바놀이를 하였다. 왜까바놀이를 짝끼리 먼저 하고, 이어서 전체가 함께 하면서 궁금증이 많이 일어나게 하였다.

왜까바놀이를 하는 방법은 그림에 보이는 대로 풀이하는 문장으로 말을 한다. 이를 다른 짝이 '왜 ~까?' 식으로 문장을 바꾸는 놀이이다. 예를 들면 한 아이가 "선비가 붓을 들고 있습니다."라고 말하면 "왜 선비가 붓을 들고 있습니까?"로 바꾸어 말한다. 이렇게 하면 그림을 자세히 관찰하게 되고, 책 속의 내용에 대한 호기심도 생기고, 질문을 잘 만들지 못하는 아이들을 위한 질문 만들기 연습도 된다.

앞표지   뒤표지

왜까바놀이의 예시 자료는 다음과 같다.

-갈색 바퀴가 있습니다. → 왜 갈색 바퀴가 있습니까?

-선비가 붓을 들고 있습니다. → 왜 선비가 붓을 들고 있습니까?

-선비가 바퀴를 돌리고 있습니다. → 왜 선비가 바퀴를 돌리고 있습니까?

앞표지가 끝나면 뒤표지에 대해서 왜까바놀이를 한다.

장면을 이야기로 꾸미며 창의적 역량 기르기

중요한 장면 몇 부분을 보여 주고 내용을 보고 서로 질문하면서 이야기를 상상해 보게 하였다.

　모든 활동은 짝 활동을 먼저 하고 난 뒤 1~2명이 발표하여 확인하는 방법으로 해서 한 명도 무임승차가 없고 모두가 주인공이 되도록 수업을 디자인하여 실시했다.

　먼저 질문하는 방법을 다음과 같이 시범을 보여 주었다.

　-이 장면은 어떤 장면일까요?

　-사람들이 어느 집으로 몰려가고 있습니다.

　-아하! 그렇군요. 그런데 왜 몰려가는 걸까요?

　-좋은 물건이 있다고 소문이 나서 보러 갑니다.

　-아하! 그렇군요. 이 장면의 뒤에는 어떤 일이 일어났을까요?

　-좋은 물건이 무엇인가 궁금했는데 물건은 없고 아주 멋진 선비가 공
　부를 하고 있었어요.

　-아하! 그렇군요. 친구는 어떤 장면이라고 생각해요?

　-네. 저의 생각은 서당에 공부하러 가는 것 같아요.

　-아하! 그렇군요. 어떤 공부하러 가는데요.

　-한자 공부하러 가요.

　-한자 공부는 왜 하려고 할까요?

-공부를 잘하고 싶어서요.

-아하! 그렇군요.

이야기를 들으며 경청하는 힘 기르기

책을 주지 않고 먼저 교사가 읽어 주었다. 글의 내용을 상상하면서 경청의 미덕을 깨워 듣도록 하였다. 이때 많은 양을 읽으면 3학년 아이들은 집중을 잘하지 못하기 때문에 1개의 장만 읽어 주었다. 그리고 스스로 다시 읽게 하였다.

읽고 난 다음에 떠오르는 생각을 씽킹맵으로 나타내 보게 한 다음 읽은 내용을 짝에게 들려주기를 하였다. 생각보다 들려주는 것이 어렵다는 아이들이 있었다. 그럴 경우 아이들 스스로 원인이 무엇일까를 생각해 보게 했다.

어려운 낱말을 찾으며 지식 정보 처리 역량 기르기

지난 시간에 줄을 그으며 읽은 어려운 낱말을 중심으로 사전 찾기를 하였다. 아이들에게 사전 찾는 방법을 지도하느라 낱말은 몇 개 찾지 못했지만 사전 찾는 방법을 알았으니 큰 배움이 있었다고 생각한다.

어려운 낱말을 찾을 때 국어사전으로 할까, 스마트폰으로 편리하게 찾도록 할까를 고민하다가 천천히 깊이 읽기 수업이므로 국어사전으로 찾는 것을 선택하였다. 사진 찾는 법을 가르친 후에 스마트폰이나 인터넷 사전을 활용하는 방법을 알려 주어 쉽게 찾는 방법도 있다는 것을 알도록 했다.

질문 만들기와 질문 놀이로 의사소통 역량 기르기

내용을 다시 떠올려 보고 질문 만들기를 하였다. 질문 만드는 방법을 다시 상기시켜 주고 칠판에 붙여 두고 참고하도록 했다. 질문을 최소 3개 이상 만들게 하면서 빨리 한 친구들은 더 많이 만들도록 유도하였다. 이 때 질문을 많이 만들수록 전두엽이 발달하여 머리가 좋아진다고 하면 잘하는 아이는 20개도 만든다. 질문을 만들고 알게 된 것을 짝에게 이야기해 주며 질문 놀이를 한다.

질문을 짝끼리 바꾸어 보며 짝의 질문 중에서 창의적인 질문을 골라 ★표를 해 주게 한다. 그리고 본인이 생각해서 다른 친구들에게 질문해 보고 싶은 질문을 1개 골라 동그라미를 치게 한다. 질문 놀이하기 전에는 반드시 질문 규칙을 한 번 더 상기시키고 칠판에 붙여 두고 보게 한다.

질문 놀이를 할 때는 물레방아식 질문 놀이로 하였다. 한 줄만 옮겨 가는 방식이다. 한 팀당 2분 정도의 시간을 준다. 짝을 3~4명 바꿔 이야기를 나눈 뒤 자기 자리로 돌아와서 자기 질문에 대한 친구들의 대답과 자기의 생각을 모아 한두 줄로 정리한다. 전체 아이들을 대상으로 발표를 한 후 오늘 질문 놀이를 하면서 알게 된 점을 적어 보고 짝에게 말해 준 다음 마무리한다.

질문 만들기

- 무엇을
- 어떻게
- 안 좋은 점
- 느낌은?
- 해결 방법은?

- 왜
- 좋은 점
- 비교하기
- 만약에 ~라면?
- 배울 점은?

질문 놀이 규칙

1. 서로 얼굴을 마주 본다
2. 귀 기울여 듣는다.
3. 공감하며 듣는다.(아해! 그렇구나.)
4. 궁금하면 질문한다.
5. 친구에게 도움이 되도록 최선을 다한다.

주인공의 미덕을 찾으며 자기 관리 역량 기르기

3, 4장 내용을 읽고 유명했던 사람이 하루아침에 쫓겨나는 신세가 되었을 때 내가 만약에 주인공이었다면 어떤 마음이었을까? 주인공을 어떻게 위로해 주면 좋을까? 감옥 속에서 어떤 생각을 했을까? 등의 질문을 하면서 감성 수업으로 진행했다. 감옥 속에 있을 때 어떤 미덕을 깨워 이겨 냈을까?

핑거맵 활동으로 미덕 찾기 활동을 하였다.

질문 놀이를 하며 대인 관계 능력 기르기

3, 4장 내용을 읽고 육색 사고 질문법을 활용하여 질문을 만들도록 하였다. 생각보다 어려워하는 아이가 많았다. 어려워하는 아이에게는 하브루타 질문으로 만들면 된다고 했다. 몇몇 아이는 짝의 도움을 받거나 교

사가 방법을 알려 주어서 최종적으로 6가지 질문을 만들었다. 그리고 질문 만들기를 통해 알게 된 내용을 발표시켰다. 질문을 자꾸 만들수록 질문이 이어진다는 아이도 있고, 생각을 많이 하니 머리가 아프다는 아이도 있었다. 머리가 아프다는 아이에게는 그냥 넘어가지 않고 항상 다음과 같이 위로의 말을 해 준다.

"그래, 머리가 아팠구나. 힘들었지? 질문 만들 때 머리가 아픈 건 전두엽이 활발하게 움직이고 있어서 생각머리가 좋아지는 거야."

이렇게 말하면 아이가 좋아한다. 교사에게서 듣는 힘과 용기를 주는 긍정과 위로의 말 한마디가 중요함을 느낀다.

이어서 워킹 토론법으로 질문 놀이를 하였다. 이때 교사는 규칙을 지키며 최선을 다하는 아이를 칭찬해 주면서 장난스럽게 흘러가지 않도록 신경을 써야 한다. 특히 소외되는 아이가 없도록 각별하게 주의해야 한다. 혼자 있는 아이를 찾아가서 질문을 해 주는 친구에게 특별히 배려와 초연의 미덕이 빛난다고 칭찬해 주면 아이들이 더 잘한다. 미덕 울타리를 치고 하니 좀 소란하기는 하지만 아이들이 벗어나지 않고 잘 지키며 했다.

질문 놀이 후 알게 된 것을 교육 연극의 기본 표현 중 정지극으로 나타내기를 했다. 아이들은 정지극으로 표현하려니 무척 생각을 많이 하게 된다면서 좋아했다. 짝이 먼저 표현하면 다른 짝이 어떤 장면을 만든 것인지 알아맞히고 교대로 하였다.

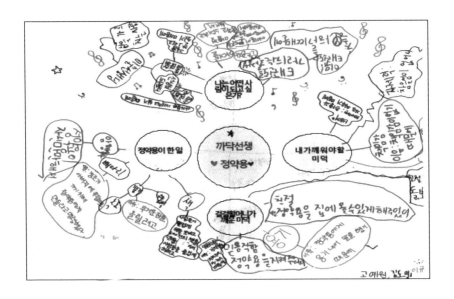

순환 학습으로 공동체 역량 기르기

　책의 내용 읽기를 다 끝낸 후 정약용이 한 일, 빛나는 미덕, 본받을 점, 내가 실천할 일을 모둠과 함께 순환 학습법으로 알아보며 정리하였다.

　이 순환 학습은 100% 학생 활동 중심 수업이어서 한 명도 노는 아이 없이 생각하는 수업을 할 수 있다. 펜의 색깔을 각각 다르게 해서 본인 앞에 있는 항목을 동시에 써 나갈 수 있는 활동이다.

　나의 생각을 쓸 때는 친구가 적은 내용을 읽어 보고 다른 내용을 쓰도록 지도를 해야 남과 다른 생각을 하게 된다. 그리고 친구들의 생각을 공유할 수 있게 된다. 활동을 하다가 한 학생이 생각이 안 나서 다음 활동을 못하게 되면 먼저 한 친구가 도움의 미덕을 깨워 도와줄 수 있도록 한다. 팀워크의 중요성을 알고 배우게 하는 것이 중요하기 때문이다.

퍼즐 놀이를 통해 공동체 역량, 협업 역량 기르기

전체 내용을 떠올려 보고 가장 인상적이고 기억에 남는 장면을 짝과 함께 협동의 미덕을 발휘하여 백지 퍼즐에 그리기를 하였다. 작은 퍼즐에 둘이서 그림을 그리려면 상대방을 배려하지 않으면 작품을 완성할 수가 없다. 그래서 특별히 배려와 화합, 협동의 미덕을 깨워 좋은 작품을 완성하도록 미덕 울타리를 치고 수업을 하였다.

인상 깊은 장면을 짝끼리 이야기한 후에 어떤 장면을 그릴 것인지 의논해서 그리도록 하였다. 색칠할 때도 서로 불편한 점을 참아 가며 끈기를 깨워 끝까지 완성하도록 격려를 잊지 말아야 한다. 짝과 함께 퍼즐 맞추기를 하면서 공동체 역량과 협업 역량을 기르는 것이다. 협동과 화합의 미덕을 발휘하여 퍼즐 놀이를 하고 전체 마무리하였다.

퍼즐 놀이는 짝끼리 먼저 하고, 다 끝난 팀끼리 서로 퍼즐을 바꾸어 가면서 했다. 다 하지 못한 것은 교실 뒤에 두고 쉬는 시간에 놀이 도구로 팀별 대항전을 해 보도록 하였다.

이렇게 하여 한 학기 동안 한 권의 책으로 깊이 있게 읽기 수업을 하였다. 수업 중 활동을 중심으로 관찰 평가를 주로 하였고, 활동지의 결과물을 평가하였다.

협력의 미덕을 빛내며 그리는 모습　　　화합과 협력의 미덕을 빛내며 퍼즐 놀이하는 모습

배려, 화합, 협동의 미덕이 빛나는 작품

미술 수업과 연계한 부조 만들기

한 권 깊이 읽기에 대한 아이들의 반응

한 권 깊이 읽기를 마무리하면서 아이들의 반응을 들어보았다.

-전에는 책을 읽을 때 대충 눈으로 읽었다. 그래서 내용을 말하라고 하면 잘 이해가 안 되어서 못했다. 그런데 한 권을 한 학기 동안 읽고 여러 가지 활동을 하면서 하니까 책 읽는 것이 즐겁고 내용을 잘 알게 되어서 좋았다.

-질문을 많이 만들어 보니까 질문 만드는 것이 어렵지 않고 재미있다.

-질문 놀이를 하면서 친구들의 생각을 들어 보면서 나의 생각과 비교해 볼 수 있어서 좋았고 친구들과 사이좋게 지낼 수 있어서 좋았다.

-"왜 그렇게 생각해?" 하고 물을 때 처음에는 짜증이 났는데 머리가 좋아진다고 해서 열심히 대답을 해 주었다.

-정약용 선생님은 여러 가지 미덕을 잘 깨운 사람이라는 것을 알게 되었고 나도 어려울 때 끈기의 미덕을 깨워야겠다고 생각했다.

-여러 가지 활동을 해 보면서 책의 내용을 잘 알게 되었고, 생각을 많이 하고 안 해 본 활동을 해서 좋았다. 그리고 선생님이 화를 안 내시고 우리를 아주 존중해 주셔서 좋았다.

04
한 권 깊이 읽기로 달라진
아이들의 모습

생각 말하기에 자신감이 생기다

처음에 질문하고 대화할 때는 자기의 생각을 말하는 것을 두려워하며 단답형으로 대답하고 빨리 끝내 버리는 아이가 많았다. 그래서 질문 놀이가 길게 이어지지 않았다. 질문 대화하는 방법을 시범으로 보여 주며 몇 차례의 질문 놀이를 하고 나니 시간이 부족할 정도로 길게 서로 궁금한 것을 주고받으며 즐겁게 질문 놀이에 참여하였다.

의사소통 역량이 길러지다

하브루타 질문 놀이를 하기 전에는 질문 놀이의 주의사항을 상기시키고, 무슨 미덕을 깨우면 행복한 수업을 할 수 있을지 생각해 보고 미덕 울타리를 치고 시작한다. 질문 놀이 규칙은 서로 얼굴을 바라보며, 귀는 쫑긋 세우고, 머리는 친구의 말을 기억하며, 마음은 공감해 주고, 궁금하면 질문하고, 친구한테 도움이 되도록 대답하는 것이다. 질문 놀이 수업을 하며 상대방과 말을 할 때는 어떻게 해야 하는지 지속적으로 지도를 하고 실천해 왔기 때문에 습관이 되어 친구들과 의사소통하는 능력이 향상되었다.

공동체, 대인 관계 역량이 좋아지다

공동체의 일원으로 짝과 함께 또는 짝을 바꾸어 가면서 서로 배려하고 양보하며 짝과 마음을 합하여 다양한 활동을 하다 보니 친구들과 사이도 좋아지고 상대방을 생각하는 너그러움의 미덕이 빛나는 아이가 점점 많아지고 있다. 콜버그의 도덕적 발달 단계가 나이 수준보다 높은 3, 4단계의 행동을 하는 아이들이 점점 늘어나고 있다.

비판적·창의적 사고 역량을 기르다

한 권을 깊이 읽으면서 사전 찾고 문장 만들기, 인상 깊은 장면 찾기, 씽킹맵, 이야기 앞뒤 내용 상상하기, 그림 보고 이야기 만들기, 등장인물의 미덕 찾기, 등장인물 부조 만들기, 기억나는 장면을 퍼즐에 그리기, 내가 등장인물이라면? 등 다양한 활동을 하고 왜 그렇게 생각하는지를 끊임없이 질문하다 보니 비판적인 생각도 하고 창의적인 사고력도 길러지는 것을 느낄 수 있었다. 질문을 만들 때 남과 다르게 수준 높은 질문들을 만드는 아이들이 점점 늘어나고 있다.

자기성찰·계발 역량을 기르다

한 권 깊이 읽기 수업을 할 때마다 생활에 어떻게 적용할지를 짝과 함께 나누고 실천한 것을 다음 시간에 서로 공유하면서 끊임없이 자신을 성찰하고 보다 나은 자신이 되기 위해 노력한다. 끊임없이 잠자는 미덕을 깨우며 자기의 인성을 가꾸어 가게 된다.

책을 가까이 하다

『까닥선생 정약용』은 위인 전기도서이지만 문학책처럼 엮여 있다. 재미도 있지만 한 권의 책을 통해 여러 가지 활동을 하면서 책을 읽으니 다른 책에도 관심을 더 많이 가지고 예전보다 도서관을 찾는 아이가 많아졌다.

배움이 있는 독서를 하다

아이들은 책을 읽고 질문을 만들고 토론을 하면서 많은 것을 배웠고 여러 가지 활동을 해 보면서 내용을 깊이 있게 알게 되었다. 정약용의 삶을 자기의 삶에 적용하여 어려움을 잘 견디어 내고 공부도 더 열심히 하겠다고 다짐하였다. 이처럼 한 권 깊이 읽기는 일반적으로 읽기만 하는 독서보다 크게 배움이 일어나는 독서 활동임이 분명하다.

학교폭력이 사라지다

하브루타로 질문하고 토론하며 친구들과의 사이가 좋아지니 싸움을 하지 않아 학교폭력이 사라지게 되었다. 수업 시작 전에는 항상 행복수업을 위해 어떤 미덕을 깨우면 좋을지 의견을 물어서 하니 스스로 내면을 변화시키기 위해 노력하게 되었다.

05
한 권 깊이 읽기는
생각숲의 영양제이다

　하브루타로 한 권 깊이 읽기를 하는 것은 생각숲이 오아시스를 만난 것이다. 책을 읽기 전에 표지를 보며 아이들의 궁금증과 호기심을 불러일으킬 수 있고, 중요한 장면을 보고 질문하면서 상상력을 키워 줄 수 있고, 버블맵을 이용해서 확산된 사고를 할 수 있게 해 준다. 다양한 방법으로 질문을 만들면서 남다른 생각을 할 수 있는 힘을 기를 수 있으며, 짝을 바꾸어 가며 질문 놀이를 하면서 창의성을 키울 수도 있다.

　순환 학습과 퍼즐에 협동작 그리기, 퍼즐 놀이를 통해 자신의 욕심을 양보하면서 서로를 배려하고 존중해 주면서 감정을 조절할 수 있으며, 생각숲도 울창하게 가꾸어 주는 계기가 되었다. 그래서 한 권 깊이 읽기는 생각숲을 가꾸는 좋은 영양제가 된다.

생각숲과 창의성을 키워 주는 것은 하루아침에 되는 것은 아니지만 꾸준하게 지속적으로 하브루타 독서 교육과 교과 교육을 하다 보면 유대인처럼 남과 다른 생각으로 세계를 쥐락펴락하는 훌륭한 인재가 많이 배출되리라 본다. 많은 교육자와 학부모가 하브루타 질문 토론 교육으로 학생들의 생각숲을 울창하게 가꾸어 주면 좋을 것이다.

생각숲을 길러 주는 생각머리 전두엽에게 영양제를 주는 말을 자주 해주자.

"너의 생각은 어때?"

"왜 그렇게 생각하니?"

하브루타로 생각숲을 가꾸며 한 권 깊이 읽기			
초등학교 학년 반 번 이름 :			
제목	지은이	읽은 날짜	읽은 쪽수
까닥선생 정약용	글 김기정, 그림 김선배	3~5차시	1~13

♣ 활동 1. '까닥선생 정약용' 13쪽까지 읽기(3차시)

♣ 활동 2. 읽은 내용을 짝에게 이야기해 주기

♣ 활동 3. 인상적인 문장과 그 이유 적기

♣ 활동 4. 어려운 낱말을 적고 뜻 찾기(4차시)

낱말 1

짧은 문장 만들기

낱말 2

짧은 문장 만들기

♣ 활동 5. 질문 만들기와 질문 놀이(5~6차시)

질문 1

질문 2

질문 3

질문 4

나의 질문에 대한 생각 정리하기

♣ 활동 6. 질문 놀이를 통해 새롭게 알게 된 점은 무엇인가?

하브루타로 생각숲을 가꾸며 한 권 깊이 읽기			
초등학교　　학년　　반　　번　이름 :			
제목	지은이	읽은 날짜	읽은 쪽수
까닥선생 정약용(신나고 즐거운 나날)	글 김기정, 그림 김선배	7~9차시	14~29

♣ 활동 1. '까닥선생 정약용' 14-29쪽까지 읽기(7차시)

♣ 활동 2. 읽은 내용을 버블맵으로 짝과 함께 나타내기

♣ 활동 3. 어려운 낱말을 적고 뜻 찾기

낱말 1

낱말 2

낱말 3

♣ 활동 4. 질문 만들기(8차시)

질문 1

질문 2

질문 3

♣ 활동 5. 말을 주고받을 때의 예의를 지키며 질문 놀이(9차시)
　　나의 질문에 대한 대답 정리하기

♣ 활동 6. 왜 예의를 지키며 질문과 대화를 해야 할까?

♣ 자기 평가
　　나는 예의를 지키며 질문 놀이를 잘하였는가? (　　)
　　이유는?

하브루타로 생각숲을 가꾸며 한 권 깊이 읽기		
초등학교　　학년　반　번 이름 :		
제목	지은이	읽은 쪽수
까닥선생 정약용(쫓겨난 신세, 걸걸할매와 끌끌선생)	글 김기정, 그림 김선배	30〜49

♣ 활동 1. 내용 읽고 핑거맵으로 등장인물 미덕 찾기(10차시)

♣ 활동 2. 등장인물이 깨운 미덕을 즉흥극으로 표현하기(11차시)

♣ 활동 3. 질문 만들기

질문 1

질문 2

질문 3

질문 4

질문 5

♣ 활동 4. 질문 놀이-나의 질문에 대한 대답 정리하기(12차시)

♣ 활동 5. 알게 된 내용 정리하기

♣ 활동 6. 생활에 적용하기

250

하브루타 교육은
학생 활동 중심 수업의 꽃이다

　학생 활동 중심 수업에는 여러 가지가 있다. 배움의 공동체 수업, 거꾸로 수업, 토의 토론 수업, 문제 해결 학습, 프로젝트 학습, 비주얼 씽킹, 씽킹맵, 액션러닝 등 참으로 다양하다. 그런데 이 모든 수업에 하브루타가 들어가지 않으면 효과가 덜하다.

　배움의 공동체 수업은 주로 모둠 활동을 한다. 먼저 짝끼리 질문 토론한 후에 모둠끼리 하면 학습 효과가 더 높고 무임승차가 없으며 방관자가 없는 온전한 학생 중심 수업이 된다.

　거꾸로 수업도 마찬가지이다. 주로 수업 전날에 미리 인터넷 사이트에서 영상을 보고 스스로 공부를 해 와서 학습지를 해결하는 활동으로 하는데 여기에 하브루타를 가미하면 더 배움이 일어나는 수업이 될 수 있다. 영상을 보고 질문을 만들어 짝과 질문 학습으로 하거나, 공부한 것을 친구끼리 서로 선생님 놀이를 하면서 가르쳐 주기를 하거나, 서로 설명하기를 해서 메타 인지가 되도록 하면 학습 효과가 더 높다.

토의·토론 수업도 마찬가지이다. 토론은 찬반을 따져 이기고 지는 것보다는 해답을 찾는 방법을 공부하는 것이다. 찬반 토론(논쟁)을 통해 비판적인 사고력을 기르고 확산된 사고를 할 수 있도록 해 주며 상대방의 입장에서 생각해 보며 대안을 찾아가는 것이 목적이다.

토론의 방법은 다양하다. 모두 다 적재적소에 활용하면 좋은 수업이 될 수 있다. 토론할 때 전두엽에게 가장 많은 영양제를 준다고 하는데 그중 하브루타 토론이 제일이다. 학생 모두가 주인공이 될 수 있는 하브루타 토론 수업을 하면 모두가 주인공인 수업이 되어 좋다. 하브루타 토론은 '1:1 토론 → 2:2 토론 → 전체 토론'으로 하거나, 짝을 두세 번 바꾸어 가며 계속 1:1 토론을 하는 방법도 있다. 필자는 주로 후자의 방법을 적용한다.

협동 학습도 마찬가지이다. 협동 학습을 성공하려면 6가지 열쇠가 필요하다. 모둠, 협동하려는 마음, 운영(각종 신호, 좌석 배치, 교사의 역할 등), 사회적 기술, 기본 원리, 활동(구조, 기법, 수업 모형)을 잘 활용해야 성공적으로 할 수 있다.

필자도 한때 협동 학습에 빠져 열심히 했는데 2% 아쉬운 점이 있었다. 무임승차가 없도록 애쓰지만 모두가 생각하는 힘을 길러 주는 면에서 뭔가가 필요하다는 생각이 들었다. 그 해결 방법이 바로 하브루타 질문과 친구 가르치기, 설명하기 등이었다. 협동 학습의 구조는 20여 가지로 다양하다. 이 활동 중에는 짝끼리 하는 것도 있고 모둠별로 하는 활동도 있다. 협동 학습에도 시작, 전개, 정리 단계에서 질문이나 친구 가르치기의 하브루타를 적용하면 더욱 알찬 수업이 될 수 있다.

비주얼 씽킹과 씽킹맵은 맵 종류도 비슷하고 방법도 비슷하다. 그런데 다른 것은 표현 방법이다. 비주얼 씽킹은 그림으로, 씽킹맵은 글로 표현하는 것이다. 2가지 다 수업에 자주 사용하는데 아이들이 아주 재미있어 한다. 그런데 생각을 그리거나 쓰기만 하면 뭔가 부족한 느낌이 든다. 그래서 그리거나 적은 내용을 짝과 함께 서로 질문하거나 설명해 주면서 메타 인지가 되도록 하니 한층 업그레이드된 수업이 이루어졌다.

문제 해결 학습, 프로젝트 학습, 액션러닝 등의 학습에도 하브루타 질문, 토론, 친구 가르치기를 수업의 시작이나 중간, 정리 부분에 활용하면 배움이 많이 일어날 수 있다. 그리고 무엇보다 전두엽이 격동하여 생각머리가 좋아지고 생각근육이 길러져서 생각숲이 울창한 아이로 키울 수 있다.

1시간 수업을 하브루타 수업 모형 5가지 중 하나를 선택해서 할 수도 있지만 다른 수업 모형으로 부분부분 적용해서 해도 무방하다. 단 교사는 '아이들에게 얼마나 배움이 일어날까? 얼마나 생각하는 힘을 길러 줄 수 있을까? 어떤 방법으로 핵심 역량을 길러 주지?'에 초점을 맞추고 수업을 진행해야 한다. 여러 수업 방법을 익혀서 적재적소에 알맞게 이용해서 수업을 해야 행복한 교실, 행복한 교사, 행복한 학생이 될 수 있다.

일선에서 가르치는 교사들에게 자기만의 수업 브랜드 만들기를 권하고 싶다. 저경력 교사일 때는 브랜드 수업을 따라 하더라도 고경력 교사가 되면 자기만의 수업 브랜드가 있어야 한다.

| 참고문헌 |

권영애(2016). 그 아이만의 단 한 사람. 아름다운사람들.

권영애(2018). 자존감, 효능감을 만드는 버츄 프로젝트 수업. 아름다운사람들.

권자경 글, 송하완 그림(2012). 가시소년. 리틀씨앤톡.

김권수(2017). 내 삶의 주인으로 산다는 것. 책들의정원.

김금선(2015). 하브루타로 크는 아이들. 매일경제신문사.

김금선·염연경(2016). 생각의 근육 하브루타. 매일경제신문사.

김기정 글, 김선배 그림(2013). 까닥선생 정약용. 웅진주니어.

김연옥·성옥자·박정순(2017). 깊이 읽기에 빠지다. 북랩.

김정완(2017). 너무 지혜로워서 속이 뻥 뚫리는 저학년 탈무드. 키움.

김태현(2012). 교사, 수업에서 나를 만나다. 좋은교사.

낸시 칼슨 저, 신건형 역(2007). 친구를 모두 잃어버리는 방법. 보물창고.

량 수린 글·그림, 박지민 옮김(2002). 행복한 의자나무. 북뱅크.

마키타 신지 글, 하세가와 토모코 그림, 유문조 옮김(2006). 틀려도 괜찮아. 토토북.

송진욱·신민섭(2010). 부모의 질문법. 경향에듀.

앤서니 브라운 글·그림, 최윤정 옮김(2007). 우리 아빠가 최고야. 킨더랜드.

양동일(2014). 유대인 하브루타 경제교육. 매일경제신문사.

이시즈미 간지 저, 권혜미 옮김(2015). 유대인식 Why 사고법. 머니플러스.

양동일·김정완(2016). 질문하고 대화하는 하브루타 독서법. 예문.

이일우·이상찬(2016). 인성 하브루타가 답이다. 피스미디어.

이재풍(2017). 한 권을 읽어도 정약용처럼. 북포스.

전성수(2014). 최고의 공부법. 경향BP.

전성수·김미자(2016). 아이야 너의 생각은 어때?. 브레멘.

정영미(2015). 슬로리딩, 생각을 키우는 힘. 경향미디어.

조벽·최성애(2018). 정서적 흙수저와 정서적 금수저 해냄

폴김·함돈균(2017). 교육의 미래, 티칭이 아니라 코칭이다. 세종서적.

황순희(2017). 어린이를 위한 독서하브루타. 팜파스.

우리나라 전래동화.

2차 하브루타학술대회 교재.

하브루타독서토론교육사 교재.

한국버츄프로젝트 워크숍 교재.

방송 및 인터넷

네이버 지식백과

EBS 미래강연Q

EBS 지식e채널

KBS 학교란 무엇인가?

https://blog.naver.com/bbtimes/130180985922

https://www.youtube.com/watch?v=Asizb2wXNrk

https://www.youtube.com/watch?v=-jYR1zf_D8M